AF157219

PETER WEGGÄSSER

DAS
DEMENZKRANKE
LAND

Eine sarkastisch-satirische Staatsbürgerkunde
für den deutschen Bundesbürger

novum ◢◣ pro

Dieses Buch ist auch als
e-book
erhältlich.

© 2024 novum publishing gmbh
Rathausgasse 73, A-7311 Neckenmarkt
office@novumverlag.com

ISBN 978-3-7116-0137-7
Lektorat: Mag. Eva-Maria Peidelstein
Umschlagfoto:
Merydolla | Dreamstime.com
Umschlaggestaltung, Layout & Satz:
novum Verlag
Innenabbildungen: Greta Dettler

Die vom Autor zur Verfügung gestellten
Abbildungen wurden in der bestmög-
lichen Qualität gedruckt.

www.novumverlag.com

Bibliografische Information
der Deutschen Nationalbibliothek:

Die Deutsche Nationalbibliothek
verzeichnet diese Publikation in
der Deutschen Nationalbibliografie.
Detaillierte bibliografische Daten
sind im Internet über
http://www.d-nb.de abrufbar.

Druckprodukt mit finanziellem
Klimabeitrag
ClimatePartner.com/16547-2311-1001

Inhaltsverzeichnis

TEIL 1

TEIL 2

Einleitung

Hier geht es um eine Art Hinführung zum Thema, indem aus ostdeutscher Sicht der Zustand unseres Landes charakterisiert wird.

Ich bekenne hier meine Ängste und begründe diese mit der Einhaltung bzw. Nichteinhaltung wichtiger Sachverhalte des Grundgesetzes durch unsere politische Elite.

Nachdem ich einen aus dieser Gilde näher gewürdigt habe, erfahren Sie die wichtigsten Primär- und Sekundärziele dieses Buches.

Diese Ziele sind nichts anderes als die Vorschläge eines Gutwilligen.

Es gibt wohl nur sehr wenige Bundesrepublikaner, die nicht merken, dass unser Land krank ist, sehr krank.

Am Ende der DDR haben sich die Menschen mit dem sarkastischen Spruch von Brecht bei Laune gehalten, der da die Regierung aufforderte, wenn das Volk ihr nicht mehr passen sollte, sich doch ein neues zu wählen.

Im Jahr 2023/24 hat man den Eindruck, zumindest große Teile unseres Volkes in Deutschland sind wieder nicht mehr so recht passend und die Regierung ist im höchsten Grade darüber verärgert und sucht verzweifelt nach neuen Volksgenossen – hätte ich beinahe gesagt.

Damit ich aber nicht in Unkenntnis dem „Nazisprech" erliege, nehme ich das Wort Volksgenossen zurück und ersetze es durch ... Menschen, die allen Grund haben, diese derzeitige Regierung zu wählen ... oder ... Zugereiste ... oder einfach nur ... Armutsflüchtlinge ...

Wenn ich das jetzt so sage, dann ist das keine Verurteilung derer, die da gekommen sind, es ist nur die Feststellung einer Tatsache. Nicht wenige Gemeindeverwaltungen behaupten heute schlicht, am Ende ihrer Aufnahmekapazität angekommen zu sein.

Derzeit ist aber dem Osten der Sarkasmus nahezu vollständig verloren gegangen, denn die Menschen hier merken deutlicher als in den alten Bundesländern, wohin die Reise geht.

Man kann es den Menschen im Westen nicht vorwerfen, sie haben nie eine Diktatur erlebt.

Die, die hätten Mitreden können, sind größtenteils weggestorben. Und so fahren wir denn wie auf Schienen, gemeinsam gegen Rechts, in den Linksstaat.

Das hat im Osten erst Sarkasmus erzeugt, dann heftige Ablehnung, und die ist jetzt gerade dabei, in Hass umzuschlagen.

Das ist gar nicht gut für unsere Demokratie.

Warum?

Weil unsere Gesellschaft in einer Weise und von Leuten gespalten wird, die eigentlich um die Gefährlichkeit einer solchen Spaltung wissen müssten.

Es ist eine Art Selbstentlarvung und es ist infam, wenn ein ehemaliger Bundespräsident oder eine Bundestagsvizepräsidentin den Menschen in den neuen Bundesländern einen Hang zu diktatorischen Zuständen vorwerfen oder gar von einem Dunkeldeutschland reden, schließlich kommen sie doch von hier. Diese beiden Leuchtfeuer der Demokratie wissen genau, was die Menschen befürchten, was auch ich befürchte. Natürlich wissen diese beiden auch, was sie selber befürchten.

Zumindest eine Person von den beiden fürchtet um ihre Macht. Der andere hatte nie welche, aber er lebt und hat gelebt, wie die berühmte Made im Speck.

Diese Leute kennen die Gründe genau, warum so viele Menschen sich von unseren Politikern, nicht von der Demokratie, abwenden.

Ich will ehrlich sein. Es ist schon so etwas wie Angst, was mich da so leicht fröstelnd anfällt. Ja, so ganz unbemerkt hat sie sich angeschlichen und wurde zu einer ausgewachsenen Furcht.

Heute fürchte ich mich am meisten vor unseren Politikern, vor der NATO, vor den USA, vor der EU und natürlich vor dem Ukrainekrieg, der jederzeit ein Atomkrieg werden kann.

Ich kenne alleine zwei Bücher, die einen Bürgerkrieg in Deutschland für möglich halten.

Angst ist ein schlechter Ratgeber, sagt der Volksmund, aber wenn sie nun mal da ist?

Ich komme auch nur sehr schlecht mit all den Veränderungen zurecht, die in den Medien als selbstverständlich angesehen werden und die ich in der Realität meines Alltags ganz anders feststellen kann.

Von dem Gendergefasel über die neue Vielfalt der sexuellen Ausrichtungen hin zur Demokratiegefährdung und den Umsturzversuchen der angeblichen Nazis – nichts davon ist so in meinem Alltag real erkennbar.

Das Geschrei hingegen, die permanente mediale Berieselung über den faschistoiden Zustand des Ostens, das nehme ich schon wahr.

Was soll man machen – in den Garten gehen?

Natürlich fürchte ich mich auch vor dieser Generation von Klimaschützern, die ich selber mit herangezogen, nicht herangebildet habe.

Damit wissen Sie, welchen Beruf ich mal ausübte.

Bitte jetzt keine Sprüche.

In der Geschichte kenne ich mich etwas aus und deshalb weiß ich, für jede Gesellschaft wird es gefährlich, wenn Hysterie um sich greift und der Massenwahn anfängt, das Leben zu bestimmen.

Eigenartig, vor Russland fürchte ich mich nicht. Ich stamme aus der DDR.

Was will ich damit sagen? Keineswegs, dass ich „russophil" sei. Ich bin auch kein Putin-Verehrer oder Putin-Versteher.

Was ich Ihnen aber in die Hand versprechen kann, die Russen unterscheiden sich, was allgemein die Gesellschaft und Politik betrifft, weder durch ihre Regierung noch durch das Staatsvolk von uns, von den Amerikanern, von den Chinesen oder von sonst einem Volk. Wir sind alle vom gleichen Schlag.

Klar, sie haben ein anderes politisches System. Aber es ist ihr System, so wie die Chinesen ihr System haben, die Saudis, die Amerikaner oder die Haitianer.

Ich verehre Alexander Solschenizyn nicht nur, ich habe seine Bücher gelesen.

Sie, die Russen, zu stigmatisieren und mit Sanktionen aller Art zu überziehen, ist einer Demokratie unwürdig, weil eben nicht die Verantwortlichen damit getroffen werden, sondern immer nur das einfache Volk.

In Deutschland sollen durch die englischen Sanktionen einschließlich der entsprechenden Blockade nach dem 1. Weltkrieg etwa 1 Million Menschen verhungert sein.

So etwas wünsche ich keinem Volk der Welt.

Ich glaube, das Völkerrecht verbietet derartige Sanktionen sogar – aber was weiß ich schon.

Am Lachen erkennt man den Narren, wusste schon das Mittelalter.

Nirgends wird die Verwahrlosung unserer westlichen Demokratie deutlicher als bei den Aussagen und Handlungen der sogenannten politischen Eliten in der Gegenwart. Gehen wir nur mal von Deutschland aus.

Schon bei dem japanischen Atomunfall und auch bei der Pandemie regierte unsere Kanzlerin nicht als Staatsfrau, sondern als Hausfrau.

Da werden demokratische Wahlen für ungültig erklärt, nur weil das Wahlergebnis nicht passt.

Das Bundesverfassungsgericht verkündet den Deutschen, dass ihre Grundrechte nicht mehr viel wert sind, wenn das Klima gerettet werden muss. Eine der wichtigsten Energieformen wird abgeschafft, ohne auch nur einen einzigen Fachmann dazu zu hören. Diskutiert über die gesellschaftlichen Probleme wird nach dem Vorbild der ehemaligen DDR: viele Köpfe eine Meinung – und die ist alternativlos.

Der illegale Krieg in Afghanistan und in Syrien hat nicht gereicht, nein, man muss sich auch in den Ukrainekrieg einmischen, ganz so, als ob es das Friedensgebot des Grundgesetzes oder den Artikel 1 GG gar nicht gäbe.

Das Staatsgebiet wurde freigegeben für jedermann und schon wird in Essen das Kalifat ausgerufen.

Richtig, Herr Wulff, Bundespräsident a. D., der Islam gehört zu Deutschland.

Die Verschuldung des Staates hat eine Höhe erreicht, wo es sich nicht mehr lohnt, überhaupt ein Wort darüber zu verlieren, aber Geld, das man nicht hat, wird beidhändig verteilt. Die Bedeutung des Wortes Schuldenbremse ist vollständig verloren gegangen.

Nicht nur die politischen Eliten der Bundesrepublik, auch die der USA, der EU und der NATO haben sich in Positionen manövriert, die nur zwei Schlüsse zulassen. Entweder sind sie alle gemeinsam vollkommen verblödet, oder sie wollen tatsächlich den dritten Weltkrieg.

Das ist unser Stichwort. Herr Pistorius, seines Zeichens deutscher Verteidigungsminister, hat verlauten lassen, Deutschland müsse kriegstauglich werden.

Das bedeutet, auf dem Altar des deutschen Vaterlandes soll wieder geopfert werden!

Also, sehr geehrter Herr Pistorius, verbraucht sind Slogans wie ‚fröhlich wollen wir nach Frankreich ziehen', ‚jeder Schuss ein Russ, jeder Stoß ein Franzos'. Das war im Weltkrieg Nr. 1.

Verbraucht ist auch ‚Führer befiehl, wir folgen'. Sie erinnern sich, das war Weltkrieg Nr. 2.

Was noch gilt, ist ‚Gold gab ich für Eisen'. Das gilt wahrscheinlich immer, denn bezahlen, müssen wir alle die ganze Schei…, die Sie und Ihre Kollegen anrichten. Verzeihen Sie das grässliche Wort.

Ob Gott tot ist, wie Nietzsche meinte, weiß ich nicht. Jedenfalls ist er nicht munter, vielleicht schläft er.

Nach all den Toten in den beiden letzten Weltkriegen, nach all dem Leid, das dadurch entstanden ist, hätte der Herr eigentlich hernieder fahren müssen und Sie, Herr Pistorius …

Er ist leider nicht und so sind wir auf uns gestellt.

Damit will ich Herrn Pistorius absolut nicht kränken, kommt er doch, mal meteorologisch gesprochen, nahezu als Sonnenschein daher im Vergleich zu seinen Vorgängerinnen.

Da hatte man doch eher den Eindruck, durch trübe, matschige, düstere Novembertage zu wandeln.

Da Herr Pistorius gedient hat, weiß er offensichtlich, wo bei einem Gewehr vorn ist. Damit hat er mit Herrn Reithofer gleichgezogen, der hat sich das allerdings nur angelesen.

Ob Herr Pistorius geostrategisches Wissen hat und ob er deutsche Interessen formulieren kann, muss vorerst genauso offen bleiben, wie die Frage, oben er denn je einmal einen zerfetzten Soldaten aus der Nähe gesehen hat.

Die Zeit wird uns informieren.

Was ich jedoch an diesem Mann fürchte, ist die Tatsache, dass er glaubt, er und wir als Volk stünden hinter den Amerikanern.

Herr Pistorius, wir stehen aber vor den Amerikanern, so wie die Ukrainer derzeit vor den Amerikanern stehen, dann die Polen und dann kommen wir.

Der Letzte, der das erkannt hatte, war Helmut Schmidt. Nur der ist halt schon tot.

Ich habe einen Eid auf das Grundgesetz geleistet und fühle mich bis zum heutigen Tag daran gebunden.

Deshalb akzeptiere ich nicht, dass gegenwärtig offensichtlich eine „Umwertung der Werte" stattfindet, die dem Grundgesetz widerspricht.

Wahrlich ein großes Wort gelassen ausgesprochen.

Wieder und wieder fragte ich mich, was kann man tun?

Meine Antwort: ein Buch schreiben.

Folgen Sie mir, wenn Sie wollen und können, denn es ist keineswegs sicher, dass ich meine selbstgesetzten Ziele erreiche. Ob es Ihrer Leselust auf die Sprünge hilft – wer weiß?

Mühe geben werde ich mir aber gewiss.

Also frisch auf ans Werk, Genossen, hätte ich beinahe gesagt. Natürlich muss es heißen, Landsleute, Kameraden, Mitbürger.

Auf ein Buch mehr oder weniger kommt es nun auch nicht mehr an – vielleicht wird es sogar ...

Man wird ja wohl noch träumen dürfen.

Mit diesem Buch möchte ich mehrere Ziele erreichen. Ich unterscheide dabei grundsätzlich zwischen einer allgemeinen Hoffnung, zwei absoluten Primärzielen und einer Reihe von Sekundärzielen.

Das Grundgesetz hat uns bis zu Frau Merkel recht gut geführt. Seit dieser Frau aus der Uckermark reicht es aber nicht mehr aus.

Wir brauchen, meiner Meinung nach, eine Verfassung, die vom Volk genehmigt wurde, und diese muss die größte Schwachstelle ausmerzen, die das Grundgesetz hat.

Dies, verehrte Leserschaft, ist das erste Primärziel, also Abstimmung durch das Volk, über unser Grundgesetz.

Das zweite Primärziel versucht die Frage zu beantworten, wie kann der Souverän, das Volk, also wie können wir eine Regierung, die derart an Recht und Gesetz vorbei regiert wie die derzeitige und deren Vorgängerin, schnellstmöglich wieder loswerden.

Um das zu erreichen, ist es notwendig, im Grundgesetz den Volksentscheid zu verankern, der dem Souverän die Möglichkeit gibt zu beurteilen, wie die Regierung der Bundesrepublik sich an die wichtigen Inhalte des Grundgesetzes hält.

Damit sind die beiden einzigen Primärziele umrissen.

Ich wiederhole zur Vorsorge nochmals.

Erstens der verfassungsmäßig festgeschriebene Volksentscheid auf Bundesebene hinsichtlich der Beurteilung, ob die Bundesregierung das Grundgesetz und vor allen das Friedensgebot einhält.
Zweitens: Sind dann mehrheitlich die Deutschen für diese Regelung, dann ist das Grundgesetz zur Verfassung aufgestiegen.

Genau darin besteht das wichtigste Anliegen dieses Buches, denn außer der entsprechenden Ergänzung möchte ich an diesem genialen Gesetzeswerk nichts ändern.

Außerdem verbinde ich mit diesen Vorschlägen die Hoffnung, dass wir miteinander diskutieren, nicht gegeneinander demonstrieren.

Zweiter Punkt, also erstes Sekundärziel:
Wollen wir diese Primärziele erreichen, ist die Zeit, wo wir nur unsere Rechte aus dem Grundgesetz ableiten konnten, vorbei. Sollen nicht wieder unsere Kinder für eine Bande von politischen Hassardeuren geopfert werden, dann müssen wir, so hart das ist, auch unsere Pflichten wahrnehmen und unsere Komfortzonen verlassen.

Als Bürger müssen wir uns zur politischen Handlung ermutigen und befähigen.

Ob es machbar ist, den Sitz der Regierung im Falle einer Kriegsbeteiligung in die Nähe der Hauptkampflinie zu verlegen, muss vorerst offen bleiben.
Gleiches gilt für eine verfassungsmäßig verankerte Pflicht zur Teilnahme an Kampfhandlungen für all jene, die einen Krieg für vernünftig und ausführbar halten.

Hier habe ich vor allem Frau Baerbock, Frau von der Leyen, Frau Strack-Zimmermann und Herrn Reithofer im Blick, neben den Herren Pistorius und Scholz. Aber auch Mitarbeiter gewisser Medien, die vom Krieg berichten, als sei es ein Computerspiel.

Ich gebe zu, all diese Vorschläge für Sekundärziele zeugen von einem recht anspruchsvollen Optimismus.
Durch meinen Beruf habe ich allerdings eine gewisse Menschenkenntnis erworben und ich glaube nach wie vor an das Gute.

Bei der Erarbeitung dieses Buches will ich um die Vernunft bitten, das Mögliche vom Unmöglichen zu unterscheiden.

Als Deutsche müssen wir uns leider der Tatsache stellen, dass einzelne Minister der derzeitigen Regierung ein geradezu umgekehrt proportionales Verhältnis zwischen ihrer Intelligenz und ihrem Selbstbewusstsein haben.

Das ist bitter, doch schon in der Vergangenheit gab es eine Vielzahl von politischen Nichtfachleuten (griech. Idioten). Nur ist es da nicht so aufgefallen, weil neben denen meist recht brauchbare Staatenlenker standen.

Der vor Jahrzehnten geäußerte Slogan, Frauen in hohen politischen Stellungen würden die Welt sicherer machen, ist durch deutsche Politikerinnen eindeutig widerlegt worden.

Was das für die Genderbewegung bedeutet, mag dahingestellt bleiben.

Für die Gesellschaft der Normalbürger kann ein gewisser Vorteil darin bestehen, wenn diese Damen und Herren in den hohen Stellungen noch Reste demokratischer Gesinnung besitzen, oder wenigstens Rudimente von Scham.

Ist da aber nichts mehr als nur intellektuelle Leere, wenn sie denn einmal zurück treten müssen, dann wird es gefährlich.

Ich erinnere daran, die letzte DDR Führung, fast ausschließlich Männer, hat dafür gesorgt, dass die Machtmittel des Staates nicht eingesetzt wurden, als man erkannt hatte, es ist vorbei.

Im Klartext, die Mächtigen der DDR haben am Ende nicht auf das Volk schießen lassen.

Ob das deutsche Volk nochmals so viel Glück hat, wir werden sehen, sobald der Slogan Wirklichkeit geworden ist ... Ampelland ist abgebrannt ...

Zum Abschluss noch ein kurzes Wort hinsichtlich des StGB. Seit dem 3. 4. 2021 gilt der Paragraf 188 im Rahmen des Gesetzes gegen Rechtsextremismus und Hasskriminalität.

Ein Gesetz, welches eigentlich ein eigenes Buch vertragen könnte. Doch sei es drum.

Es ist keinesfalls Anliegen dieses Buches, irgendwen zu beleidigen, schon gar keinen Politiker, auf welcher Ebene auch immer der sich gerade befindet.

Vielmehr soll an verschiedenen Sachverhalten aufgezeigt werden, warum ein großer Teil des derzeitigen politischen Personals unbedingt ausgewechselt werden muss und warum ausgerechnet dieses Buch für die heutige Zeit so notwendig ist.

Ausgangspunkt dafür ist natürlich nichts anderes als das Grundgesetz und seine Abwehrrechte gegen den Staat.

Und natürlich die Handlungen und Aussagen der derzeitigen Regierungsmitglieder

Ich gebe zu, dies Letztere macht es außerordentlich schwierig, nicht beleidigend zu werden.

Ich verspreche aber, ich werde mich bemühen und auch die Vorschläge, die ich zu machen habe, daran ausrichten.

Deshalb sollen Sarkasmus und Satire unsere Begleiter sein.

Eine gewisse Verschlagenheit kann recht hilfreich beim Lesen dieses Buches sein, denn unsere Regierung zeichnet sich nicht gerade durch Fairness gegenüber gerade jenem Bevölkerungsteil aus, der ihr nicht ganz so Nahe steht.

Jeder muss letztendlich für sich entscheiden, was kann er tun, was will er tun und was muss er tun.

Nach jedem Kapitel mache ich dazu Vorschläge.

Ach ja, und Sie sollten wissen, ich erzähle gern Geschichten.

Folgen Sie mir also bei der Betrachtung der Gegenwart und der Vergangenheit unseres Landes durch ostdeutsche Augen.

Ein Wort noch an die, deren Demonstrationen im ÖFR noch übertragen werden.

Sie haben alles Recht der Welt, wogegen auch immer zu demonstrieren. Doch ich hoffe für uns alle, Sie sind auch F Ü R etwas. Das sollte dann das Grundgesetz sein.

Hier ist der erste Vorschlag.

1. Vorschlag

Sollten Sie noch kein Grundgesetz in ihrem Haushalt haben, dann besorgen Sie sich eines, am besten über die Landeszentrale oder die Bundeszentrale für politische Bildung.

Dort werden diese Büchlein kostenlos abgegeben.

Lesen Sie die Präambel und die Artikel 1 bis 20 und fragen Sie sich dann, was der Dichter Ihnen damit sagen will.

TEIL 1

Kapitel 1: Das Grundgesetz und der Krieg

Wir beginnen hier mit der Thüringer Verfassung, die tatsächlich vom Volk genehmigt wurde, und arbeiten uns dann zur Entstehungsgeschichte des Grundgesetzes vor. Wir beschäftigen uns mit wichtigen Sachverhalten dieses Gesetzes und ich stelle Ihnen ein ganz wichtiges Buch vor, das man gelesen haben sollte. Dann befassen wir uns mit richtigen und falschen Nazis und Sie erfahren, unser literarisches Unterfangen, welches ich ganz unbescheiden theoretische Revolution nenne, hat sogar ein Symbol.

Machen wir zuvörderst einen kleinen Ausflug in die jüngere thüringische Geschichte.

Wussten Sie, dass die Verfassung des Freistaates Thüringen hauptsächlich von einer Mehrheit der Bürger angenommen wurde, die die Verfassung gar nicht gelesen hatten?

Nun fällt ihnen das Brot aus dem Mund. Doch, doch – woher ich das wissen will?

Sehen Sie!

Wenn eine Verfassung angenommen wurde, dann muss sie in den Rechtsalltag des Staates umgesetzt werden. Soll heißen, alle müssen machen, was dort festgelegt ist.

Man muss schon den politischen Westimport bewundern, der bei dieser Verfassung Pate stand, ob des politischen Weitblicks, welcher in diese Landesverfassung eingearbeitet wurde.

Die Thüringer Verfassung enthält nämlich ein Alleinstellungsmerkmal, das darin besteht, dass die Diäten der Abgeordneten automatisch mit dem Preisniveau ansteigen. Ob inzwischen andere Bundesländer nachgezogen haben, weiß ich nicht. Jedenfalls war Thüringen das erste Bundesland mit dieser Regelung.

Beim Abfall des Preisniveaus bleiben die Diäten allerdings dort, wo sie sich gerade befinden – also oben.

Was gab es damals für ein Gezeter in der Thüringer Öffentlichkeit, als die Abgeordneten des Thüringer Landtages erstmals von dieser Köstlichkeit „naschen" durften.

Zumal noch deutlich in Erinnerung war, was der Westen alles in den Osten investieren musste, damit da die Lichter nicht ausgingen.

Zusammen mit den politischen Westimporten haben die neuen ostdeutschen Eliten schnell gelernt.

Aber wenn man nicht liest, was man da „abgenickt" hat?

Na ja, wenn es ums Geld geht, wer schämt sich dann noch für irgendetwas. Das dürfte wieder gesamtdeutsch sein.

Jedoch lernen wir, eine Verfassung unterscheidet sich vom Grundgesetz durch die Bestätigung durch das Volk.

Sie wollen jetzt von mir wissen, was die Thüringer Verfassung mit dem Grundgesetz zu tun hat?
Na, jetzt hören Sie aber auf, jede Landesverfassung ist doch zum größten Teil eine Abschrift des Grundgesetzes, wobei das Grundgesetz dadurch keineswegs zu Verfassung wird.
Okay, wir wollen nicht zu sehr ins Detail gehen, es kommen in den Landesverfassungen noch ein paar landestypische Ergänzungen hinzu. Der politische Charakter jeder Landesverfassung in Deutschland entspricht jedoch eins zu eins dem Grundgesetz.

Was so kurz nach der Wende einen lernwilligen Ostdeutschen echt verblüfft hat, war die Ehrlichkeit und Offenheit, die bezüglich der historischen Entstehung dieses Grundgesetztes damals herrschte.

Nur so am Rande, die hauptsächlichen Inhalte verdanken wir den Briten und auch den Amerikanern. Die Franzosen hätten auch sehr gerne etwas darin herumgestochert, aber damals waren sie nur Gewinner 2. Klasse. In die erste Klasse der Gewinner sind sie in dem Moment aufgestiegen, als unser Herr Kohl die DM für den Euro geopfert hat.

Die Bundesländer hingegen verdanken wir ausschließlich den Briten.

Warum? Nun, Großbritannien weiß bis zum heutigen Tag Bescheid, was die Macht eines Staates betrifft und weshalb sie besser geteilt ist, die Staatsmacht.

Ich weiß nicht, ob die damaligen Hoffnungen der Briten bezüglich Deutschland ganz aufgegangen sind. Heute haben sie ja mit Schottland ihre liebe Not.

Wir hingegen müssen neben Kanzlern und Kanzlerinnen auch noch Ministerpräsidenten und Ministerpräsidentinnen ertragen und natürlich auch deren Minister.

Für mich besteht der einzige Vorteil dieser Regelung in der Erkenntnis, Landespolitik kann wirklich jeder. Es gibt mindestens immer einen, der noch mehr „daneben" ist als der Vorgänger.

Natürlich gibt es auch den einen oder anderen, dem man die Tür aufhalten könnte. Zurzeit fällt mir aber keiner ein.

Ob die immer ihre eigenen Gesetze kennen, weiß ich nicht. Ihre jeweilige Landesverfassung und das Grundgesetz sollten jedoch schon als gelesen, gern auch als vorgelesen, abgehakt sein.

Jedenfalls ist es mit an Sicherheit grenzender Wahrscheinlichkeit das teuerste politische System der Welt.

Das alles ist tatsächlich leicht negativ.

Doch viele Sachen haben zwei Seiten.

Die Briten, unsere Freunde, wollten ja nicht nur einen wirtschaftlichen Konkurrenten in seiner Entscheidungfreudigkeit hemmen. Dies gelang und wenn Sie aufmerksam unsere politische Landschaft betrachten, dann stellen Sie fest, manchmal brauchen wir für eine Entscheidung eine halbe Ewigkeit.

Das hat aber auch den Vorteil – und daran mögen Sie die Genialität der Briten erkennen –, dass Bund und Länder fest demokratisch verzahnt sind.

Selbst wenn die AfD in einem Bundesland den Ministerpräsidenten stellen würde, sind da noch 15 andere Länder und natürlich der Bund.

Nahezu jedes zweite Gesetz, das der Bundestag erlässt, ist zustimmungspflichtig, muss also auch von den Bundesländern genehmigt werden.

Auch die Finanzierung hat verbindende Elemente.

Noch niemals in der Geschichte der Bundesrepublik hat eine Partei alleine die Macht auf Landes- und Bundesebene ausüben können.

Auch aus diesem Grund ist es widerwärtig und bösartig, der AfD zu unterstellen, sie wolle die Demokratie abschaffen.

Viel mehr sollten wir darüber nachdenken, warum die derzeitige Ampelregierung so unverhältnismäßig auf die guten Umfrageergebnisse der AfD reagiert.

Wenden wir uns wieder unserer Aufgabe zu.

Es ist tatsächlich langweilig, das Grundgesetz wie ein Buch zu lesen. Beginnen wir deshalb bezüglich der Gegenwart unseres Landes mit etwas Interessantem, der Präambel.

Das war ja Ihre Hausaufgabe.

Der erste Satz dort lautet: „Im Bewusstsein seiner Verantwortung vor Gott und den Menschen, von dem Willen beseelt, als gleichberechtigtes Mitglied in einem vereinten Europa dem Frieden der Welt zu dienen, hat sich das Deutsche Volk kraft seiner verfassungsgebenden Gewalt dieses Grundgesetz gegeben."

Haben Sie die Stelle gefunden?

Also nun mal für die politischen Neuankömmlinge: Das Volk der Deutschen hat hier festgelegt, in einem vereinigten Europa als gleichberechtigtes Mitglied dem Frieden der Welt zu dienen.

Tja, Lieferungen von Leopard 2 an die Ukraine passen da schlecht, auch wenn es gegen die Russen geht.

Damals, als unsere „Verfassungsväter" und die wenigen „Mütter" dies geschrieben haben, war der Krieg noch mit all seinen blutigen Details in Erinnerung und, meine Lieben, der Russe war in einem Teil Deutschlands höchst gegenwärtig.

Sie, die „Väter" und „Mütter" haben diesen Satz allen anderen Dingen, die im Grundgesetz festgehalten sind, vorangestellt, wie eine Art Richtschnur.

Man kann diesen Satz in etwa vergleichen mit dem Satz aus der Straßenverkehrsordnung, der da lautet: „Vorsicht und gegenseitige Rücksichtnahme ..."

Wie kommt man als Politiker der heutigen Zeit nur an so einem Satz vorbei?

Manche behaupten gar, diese Präambel enthalte das Friedensgebot schlechthin.

Da staunt der Fachmann und der Laie wundert sich.

Nahezu alle öffentlich rechtlichen Sender und alle politischen Vorturner wiederholen bezüglich Themen wie dem Ukrainekrieg, dem Klimawandel und den sogenannten Flüchtlingen immer den gleichen Mist.

Ist man in der DDR geboren worden, dann wird man sofort misstrauisch, wenn in einem Gremium 100 % dafür sind und das auch noch über besondere Sprachregelungen in die Welt hinausposaunt wird.

Das Politbüro der SED reklamierte Derartiges immer für sich. Deshalb war 1989 bei denen auch die Enttäuschung sehr groß, als die Bevölkerung im Osten der SED mitgeteilt hat, wohin sie sich ihre 100 % schieben kann.

Ist es jetzt wieder so weit?
Bleiben wir beim Ukrainekrieg.

Eigentlich möchte ich fragen, wenn man wirklich dem Weltfrieden dienen will, darf man dann überhaupt Panzer produzieren?

Das führt aber zu weit.
Vorerst.

Vielmehr ist die Frage: Haben wir auch gegenüber einem Russen irgendeine Verantwortung? Kann für die der Artikel 1 Grundgesetz auch gelten, weil sie vielleicht doch Menschen sind?

Betrachtet man heute den Ukrainekonflikt aus der Sicht der deutschen Öffentlichkeit, dann fällt sofort auf: Die Russen sind schuld!

Natürlich, Russland hat die Krim besetzt und ist in die Ukraine einmarschiert. Zweifelsfrei ein Akt der Aggression und ein Angriff.

Aber wie schwer war es für den Westen, also für die NATO, die USA und die EU, die Russen endlich dazu zu bringen, der Ukraine „die Waffe an die Schläfe zu halten", wie einer einmal so schön gesagt hat?

Es hat Jahre gedauert, bis man den Russen an sich „weichgekocht" hatte. Die Provokationen des Westens waren im höchsten Maße durchdacht und man brauchte einen langen Atem, bis Putin zuschlug.

Erst die Krim, dann die Ukraine.

Dafür wird sich Russland natürlich zu verantworten haben, denn beides sind Verbrechen gegen die Menschheit, wie jeder Krieg.

Nur, wo wird sich Russland verantworten müssen?

Na dort, wo auch die Amerikaner sich zu verantworten haben, die den Irak in eine Trümmerwüste verwandelten und über 300 000 (oder waren es 600 000?) Menschen töteten.
Ja, ja und dort werden sich auch die Chinesen zu verantworten haben, wenn sie Taiwan „heimgeholt" haben.

Nämlich im träumenden Nirvana politischer Pygmäen.

Ach, Sie meinen, amerikanische Soldaten dürfen nicht vor ein sogenanntes internationales Gericht gestellt werden, nur die russischen? Da haben Sie vorerst recht. Aber auf die Zukunft darf man ja wohl hoffen.

Übrigens ist der Ukrainekonflikt der erste Krieg im Fernsehen von Deutschland, der keine Vorgeschichte hat.
Es ist dem Fernsehen der Deutschen bis heute unbekannt, dass in der Ukraine auch mehrere Millionen Russen leben, dass gerade der Osten fast ausschließlich russisch geprägt war und die dort lebenden Russen als Menschen 2. Klasse behandelt wurden.
Von der Kriegsführung der ukrainischen Führung gegen das eigene Volk und von den vielen Morden einmal ganz abgesehen.

Auch gilt für diesen Krieg nicht, dass das erste Opfer eines Krieges immer die Wahrheit ist.

Das Deutsche Qualitätsfernsehen lügt nicht, alle haben rein zufällig immer die gleiche Meinung.

Wertegemeinschaft heißt das wohl.

Ein wenig erinnert diese öffentliche Diskussionen an das Gerede um den Klimaschutz. Dort wird ja auch festgestellt, dass doch wohl über 90 % der Klimaforscher der Meinung der Potsdamer folgen.

Es ist da jedoch leicht zu belegen, dass hier Churchills Meinung gilt, nur an Statistiken zu glauben, die man selber gefälscht hat.

Leider lässt sich bezüglich des Ukrainekrieges Derartiges nicht so einfach richtigstellen. Die Medien in Deutschland stehen nahezu zu 100 % zu diesem Krieg, zu den Waffenlieferungen, und das Grundgesetz ist halt in dem Moment nur eine Art Butterbrotpapier.

Kein Wort zu den inzwischen Hunderttausenden Toten auf beiden Seiten!

Für einige der deutschen Berichterstatter ist es offensichtlich sehr aufregend, über einen Krieg zu berichten, in dem man selber nicht verrecken muss.

Kennen Sie das schöne Bild von Frau Baerbock im Kampfjet? Eine höchst effiziente Tötungsmaschine und die Dame sieht tatsächlich super darin aus.

Komisch ist nur, Journalisten, die nicht dem Mainstream folgen, verschwinden im Dunkeln der Bedeutungslosigkeit, sind plötzlich nicht mehr da.

Das bringt mich zu der Frage:

Wem gehören eigentlich die öffentlich rechtlichen Medien?

Auf keinen Fall denen, die sie bezahlen. Sehr gut bezahlen! Wenn man der „Bild" glauben darf, dann reicht es zu Rentenauszahlungen für Verantwortungsträger so um die 18000 Euro pro Monat. Ein Hoch auf die GEZ.

Erstaunlich ist auch die Berichterstattung aus dem Bundestag. Immerhin meldet man noch, dass die beiden „Extremparteien" Linke und AfD die Waffenlieferungen kritisieren.

Laut der hämischen Aussage eines ARD-Journalisten streiten sich diese beiden Parteien darum, wer von ihnen die „größeren Friedensschwurbler" in seinen Reihen hat.

So geht „Haltungsjournalismus".

So fragt man sich, gilt eigentlich das Grundgesetz noch?

Dieser Krieg greift immer schneller in die verschiedensten Bereiche unserer Gesellschaft ein.

Seit voriger Woche sind nun auch Kampfjets in den Lieferforderungen. Vielleicht möchte man gleich die ganz neuen Kampfflugzeuge, die aus den USA angeschafft werden sollen, an die Ukraine übergeben.

Welche Waffenforderung kommt nach den Kampfjets? Also viel ist nicht mehr da, wenn man von Atomwaffen absieht.

Ja. Ja, die lagern schon geraume Zeit auf deutschem Boden, nur machen die Amerikaner und unsere politischen Eliten kein großes Tamtam darum.

Gehe ich Ihnen schon auf die Nerven?

Aber es droht ein Atomkrieg!

Würden wir unser Grundgesetz ernst nehmen, dann wäre dieser Wahnsinn überhaupt nicht möglich.

Doch Verfassungsschutz und Staatsanwälte haben offensichtlich anderes zu tun.

Ich kann nicht anders, ich muss Ihnen kurz wichtige Inhalte des kleinen Buches von Benjamin Abelov wiedergeben.

Ich habe es mir aus der Schweiz schicken lassen, da war es in der Zeitschrift „Die Weltwoche" abgedruckt. Es hat nur ganz wenige Seiten.

Also erst mal zum Autor Abelov. Wider Erwarten ist er kein Russe, vielmehr Amerikaner. Historiker und offensichtlich ein kluger Mensch. Er hat an der Uni in Pennsylvania und an der Yale studiert, auch Abschlüsse gemacht, und war in Washington DC als Experte für Atomwaffenpolitik tätig. Was immer das heißen mag.

Sein Buch trägt den bezeichnenden Titel „Wie der Westen den Krieg in die Ukraine brachte". Untertitel, „Die Rolle der USA und der NATO im Ukraine-Konflikt".

Ein Nestbeschmutzer also; wenn Sie das denken, von mir aus.

Natürlich finden seine Aussagen nicht den Weg in unsere Qualitätsmedien.

Wenn selbst in sonntäglichen Sportsendungen von dortigen Qualitätsjournalisten und Moderatoren Russland an den Pranger gestellt werden darf, wenn das IOC schon im Vorfeld seiner Entscheidung bezüglich der Wiederzulassung russischer Sportler heftig kritisiert wird, wenn sich ungeniert jeder am deutschen IOC Präsidenten Thomas Bach abarbeiten darf, indem man plärrend darauf hinweist, wie schrecklich es wird, wenn die Russen nicht weiter ausgegrenzt und diskriminiert werden, dann ist natürlich ein solcher Buchtitel das blanke Gift.

Gipfelpunkt des deutschen öffentlich-rechtlichen Qualitätsjournalismus ist dann die Aussage zweier ukrainischer Wintersportler, die den Russen unterstellen, dass sie alle töten wollten, wenn sie denn kämen.

Da ist er wieder, der Russe mit dem Messer zwischen den Zähnen, der die Welt mit Vernichtung bedroht und über den der Endsieg immer noch nicht errungen ist.

Sollten Sie das Buch von Abelov wirklich lesen, dann fallen Ihnen nicht nur Schuppen von den Augen.

Sie werden dann ernsthaft darüber nachdenken, ob denn die GEZ tatsächlich notwendig ist.

Nun zum Buch. Ich beginne mit dem „Überblick und Einleitung", Untertitel: „Wie das Narrativ den Krieg antreibt".

Hier beginnt Abelov mit der Monroe-Doktrin von 1823, die in etwa besagt, wer in der Nähe der USA seine Streitkräfte stationiert, wird entfernt. Mit allen Mitteln. Jedem Ostdeutschen ist damit sofort klar, warum dieses Buch nicht diskutiert wird.

Es enthält historische Tatsachen, ist somit für die Grünen langweilig und für die bürgerlichen „Volksparteien" zu viel unangenehme Wahrheit und muss deshalb übergangen werden.

Die Mär von der friedlichen und freiheitsliebenden westlichen Demokratie darf ja schließlich nicht beschädigt werden.

Da fällt mir ein, wussten Sie, dass die Briten in ihrem Wahn auch schon mal die dänische Marine in Klump geschossen haben? Ja, ja, da kommt man ins Staunen, auch wenn es schon ein Weilchen her ist.

Aber verzeihen Sie diese kleine Abschweifung vom Buch, ich bin sofort wieder da, aber schnell noch, die Briten haben es in sich.

Diese Briten also haben über ihren blonden, ungekämmten Stänkerer gleich zu Anfang des Krieges den Ukrainern empfohlen, russische Nachschublinien in Russland anzugreifen. Worauf Russland den Briten mitgeteilt hat, eine Tsunamiwelle, ausgelöst von einem Atomtorpedo, könnte Großbritannien durchaus „schaden".

Daraufhin hat Old England doch weniger weitreichende Vorschläge unterbreitet, zuvor jedoch die Drohung Russlands als Geschwätz abgetan.

Die Amerikaner haben aber die erhöhte Alarmbereitschaft der russischen Atomstreitkräfte zum Anlass genommen, die ihrigen auf Defcon 2 zu setzen.

Und da gibt es deutsche Historikerdödel, die bei Frau Will im Qualitätsfernsehen herumlabern, für wie unwahrscheinlich sie den Einsatz von Atomwaffen halten.

Nichts ist mehr in unserer Welt, wie es einmal war.

Und das Grundgesetz liegt herum und beschämt alle.

Zurück zum Buch. Abelov macht sich große Sorgen wegen der Atomwaffen und er weist darauf hin, dass das Bild, das von Russland und von Putin gezeichnet wird, das Narrativ also, falsch ist und zur selbsterfüllenden Prophezeiung werden kann. Er geht schon hier auf einige Kriegsziele des Westens ein und warnt eindringlich davor, zu glauben, ohne Putin sei Russland besser.

Dann listet er auf, welche Provokationen der Westen in den letzten Jahrzehnten gegen Russland durchgeführt hat.

Eine beeindruckende Liste.

Aber jeder Mensch, der noch ein wenig Hirn hat, der hat doch auch gesehen, wie die NATO immer weiter nach Osten vorgedrungen ist, entgegen aller Versprechungen, immer mit dem Schlachtruf der Verteidigung der westlichen Demokratie auf den Lippen.

Häufig zitiert Abelov Menschen, die im deutschen Qualitätsfernsehen keine Chance mehr haben.

Der Tenor dieser Leute lautet etwa so: Die Osterweiterung der NATO war der größte Fehler, den die USA und der Westen machen konnten, geradezu selbstmörderisch.

Sagt Ihnen noch der Name Georg Kennan etwas? Das war mal ein ganz Großer der Diplomatie und keineswegs eine „Friedenstaube".

Aber er ist halt alt geworden und damit weg vom Fenster. Er kann sagen, was er will, man hört nicht mehr auf seine Mahnungen.

Jetzt haben die das Sagen, die Krieg für ein Computerspiel halten und glauben, Diplomatie bedeute lediglich im schönen Kleid durch die Welt zu reisen und mit erhobenem Zeigefinger Unsinn von sich zu geben.

Fast witzig erscheint das Kapitel, wo Abelov den Ukrainekrieg aus umgekehrter Perspektive betrachtet.

Er tut so, als ob die Russen oder Chinesen nur so zur Selbstverteidigung Truppen in Kanada oder in Mexiko stationieren.

Das käme natürlich nicht in die Tüte. Das wäre eine Bedrohung für die USA und würde, wenn es nicht anders ginge, mit Hilfe von Krieg beseitigt werden. Das gilt für den gesamten amerikanischen Doppelkontinent.

Übrigens wird von der Monroe-Doktrin immer nur der erste Teil zitiert. Der zweite Teil beinhaltet nämlich die Nichteinmischung der USA in die inneren Angelegenheiten von anderen Staaten.

Und da sagen manche Leute, die Amerikaner wären politisch humorlos.

Wenn ich Ihnen jetzt einen ganzen Abschnitt aus Abelovs Buch zitieren darf, höre ich zur Belohnung dann damit auf, von diesem Krieg zu sprechen. Einverstanden?

Sie können ja als Extremhandlung mein Buch ins Feuer werfen – sollten Sie aber nicht, war schon mal da.

Also:

„Hätten die USA nicht auf die Erweiterung der NATO bis an die Grenzen Russlands gedrängt; hätten sie nicht nuklearfähige Raketenabschussvorrichtungen in Rumänien stationiert und in Polen und vielleicht auch anderswo geplant; hätten sie 2014 nicht zum Sturz der demokratisch gewählten ukrainischen Regierung beigetragen: hätten sie nicht den ABM-Vertrag und dann den Vertrag über nukleare Mittelstreckenraketen abgeschafft und anschließend die russischen Versuche, ein bilaterales Moratorium für die Stationierung auszuhandeln, ignoriert; hätten sie keine Übungen mit scharfen Raketen in Estland durchgeführt, um das Anvisieren von Zielen innerhalb Russlands zu üben; hätten sie kein umfangreiches Militärmanöver mit 32 Nationen in der Nähe des russischen Territoriums organisiert; hätten sie die Streitkräfte der USA nicht mit denen der Ukraine verknüpft; und so weiter und so fort – hätten die USA und ihre NATO-Verbündeten diese Dinge nicht getan, wäre der Krieg in der Ukraine wahrscheinlich nicht ausgebrochen."

Hätte, hätte, Fahrradkette – wie man so schön bei der SPD sagt.

Man hat aber!
(Sie finden das Zitat übrigens in der Buchausgabe der Schweizer „Weltwoche" auf Seite 29 linker Abschnitt unten und mittlerer Abschnitt oben.)
Damit Ende Gelände über den Ukraine-Krieg. Vorerst.
Halt, etwas muss ich noch anfügen. Der Amerikaner Abelov behauptet, ohne zu erröten, in der ukrainischen Regierung wären sechs (als Zahl 6) reinrassige Nazis, schlicht Faschisten.

Zurück zum Grundgesetz.

Kommen wir zur jüngeren deutschen Geschichte.
Es war eine sehr schwere Zeit für die Deutschen, in der dieses Gesetz entstand. Ich überschreibe diesen Abschnitt mit:

Der ewige Adolf oder das Trauma der deutschen Nachkriegszeit

Mein Optimismus äußert sich in dem Wort Nachkriegszeit.

Manch einer hätte unter Umständen womöglich Vorkriegszeit geschrieben. Ich aber glaube an mein Volk.

Seit Ende des Weltkriegs Nr. 2 sind nun schon 78 Jahre vergangen und unser Land scheint voll von Nazis.

Jeder, der eine andere Meinung als die offizielle hat, jeder, der einer Partei anhängt, die den Krieg in der Ukraine und den Krieg an sich nicht billigt, jeder, der den ungezügelten Zustrom von Armen aus aller Welt hinterfragt, und jeder, der die Antifa in München als politische Verbrecher ansieht, der ist heute ein Nazi.

Das hätte die ehemals richtigen Nazis gefreut, wären sie doch in guter Gesellschaft.

Es ist nicht einfach, sich mit diesem Thema auseinanderzusetzen.

Sollte ich je in meinem Leben Björn Höcke begegnen, dann muss ich ihn fragen, was er gemeint hat, als er formulierte, wir müssen unser Geschichtsbild um 180 Grad drehen. So oder so ähnlich war wohl seine Bemerkung.

Wenn ich also vom Jahr 2023 aus in die Geschichte schaue, im übertragenen Sinne, dann blicke ich in die Vergangenheit. Drehe ich mich dann um 180 Grad, dann schaue ich meiner Meinung nach in die Zukunft.

Was meint unser Björn damit?

Wo ich ihm beipflichte, das ist seine Aussage hinsichtlich des Mahnmals für die Opfer des Holocausts in Berlin.

Ja, dies ist ein Mahnmal der Schande, die nie vergehen wird.

Bevor Sie jetzt aufschreien und das Buch zerfetzen wollen, lassen Sie mich erklären.

Gehen wir doch einmal, natürlich fiktiv, nur so in Gedanken durch diesen Wald der Stelen.

Was haben Sie in der Schule über diese furchtbare Zeit gelernt, für die diese Stelen stehen?

Ich will Ihnen von mir erzählen.

Zu meinem 16. Geburtstag schenkten mir meine Eltern, weil ich so gerne las, das Buch „Geißel der Menschheit" von Edward Baron Russell of Liverpool.

Später dann las ich „Abstieg in die Hölle" von Vladimir Pozner, dann „Feinde des Lebens. NS-Verbrechen an Kindern" von Hans Mausbach und Barbara Mausbach-Bromberger, „Ganz normale Männer" von Christopher R. Browning, dann „Die deutschen Mörder" von Richard Rhodes, dann „Die Jahre der Vernichtung. Das Dritte Reich und die Juden 1939–1945" von Saul Friedländer und und und…

Sie müssen nicht alles gelesen haben, aber wenn Sie jetzt mit einer Hand und einer einzigen Ihrer Bucherinnerung den kalten Stein einer Stele berühren, was empfinden Sie?

Mir fällt gerade die Stelle in Brownings Buch ein, wo Deutsche den Massenmord an den Juden erst einüben mussten.

Also, man versaut sich schnell die Stiefel, wenn man beim Erschießen zu nahe an den Köpfen der Opfer steht –, selbst wenn man ganze Familien aufeinanderlegt und durch deren Köpfe schießt, gibt es Probleme.

Es ist keinesfalls einfach, viele Menschen auf einmal, quasi in Handarbeit, umzubringen. So was muss geübt werden. Und nein, nicht die SS war das, nein, die ersten diesbezüglichen Versuche wurden von Polizisten durchgeführt. Die Teilnahme war freiwillig und man konnte sich auch freistellen lassen.

Aber zurück zu unserem Rundgang.

Kein vernünftiger Mensch, der da herumläuft und Kenntnisse über diese Zeit hat, kann doch etwas anderes empfinden als unendliche Trauer … und natürlich Scham.

Wir Nachgeborenen tragen keine Schuld und ich habe auch nie gehört, dass dies je eines der überlebenden Opfer geäußert hätte.

Aber wir tragen Verantwortung, die nie vergeht. So etwas darf sich nicht wiederholen, nicht von rechts und auch nicht von links. Wir sind auf ewig an die Demokratie gebunden.

Die Generationen, die mitgemacht haben, egal ob diese Deutschen verführt haben oder ob sie verführt wurden, die tragen die Schuld und die Schande. Es sind die Generationen unserer Eltern und Großeltern.

Das ist eine Feststellung, keine Verurteilung.
Ich habe sowohl meine Großmutter als auch meine Mutter wirklich geliebt.

Es gehört zur historischen Wahrheit, die überaus bitter ist, dass eine Schuld in dieser Größenordnung niemals aufgearbeitet werden kann und auch nie vergeht.

Aber wo beginnt die Schuld des Einzelnen und was hätten die, die Damaligen, denn tun können?
(Ich komme auf diese Frage nochmals zurück!)

Wir können sehr wohl fragen, wie viele der tatsächlich Schuldbeladenen wurden denn tatsächlich bestraft? So wie Otto Ohlendorf, den die Amerikaner hinrichten ließen und für den sich sogar Ludwig Erhard noch eingesetzt hat. Ohlendorf hatte als Leiter einer SS-Einsatzgruppe den Tod von mehreren Zehntausend Menschen zu verantworten.
Außerdem verstand er etwas von Nationalökonomie.
Das ist nur ein Beispiel.

Ein anderes Beispiel!
Werfen wir einen kurzen Blick auf den dritten Bundeskanzler, Kiesinger. Der war Mitglied der NSDAP, bekleidete in der Rundfunkabteilung des Auswärtigen Amtes in der Nazizeit verschiedene Funktionsstellen, war sozusagen Propagandist für das Regime und machte nach dem Krieg eine steile Karriere.

Worin mag dessen Schuld bestanden haben?

Geschichte aufzuarbeiten ist ein Mythos, man kann nur die Gegenwart besser machen.

Die Generationen der tatsächlich individuell Schuldigen sind nun nahezu vollständig weggestorben. Vielleicht erwischt man nochmals eine ehemalige Sekretärin von einem KZ, der man eins überbraten kann. Die dürfte dann so deutlich über hundert Jahre sein – doch wenn wir schon mal nach bundesdeutschem Recht aufarbeiten?

Viele der tatsächlichen Verbrecher durften geehrt und geschützt dahingehen.

Wir aber sind noch da, sind die Nachgeborenen, und wir tragen keine Schuld.

Wir müssen deshalb unser Verhältnis zur Geschichte entkrampfen und den Mut haben, zur Zeit des Nationalsozialismus eine eigene Meinung zu äußern.

Das Geschichtsbild, das den Verlierern von den Siegern aufoktroyiert wurde, mag für die vergangenen Generationen gegolten haben, für uns gilt es nicht mehr.
Wir sind freie Menschen und auch frei von Schuld.
Kriege können aber in Zukunft nur vermieden werden, wenn wir aus dem, was war, auch lernen.

Es steht uns nicht zu, die schuldigen Generationen zu verurteilen, dazu haben wir keinerlei Recht.
Doch unsere Vergangenheit verpflichtet uns zum Frieden und zur Demokratie.

Nirgends wird das deutlicher als beim gegenwärtigen Ukrainekrieg.

Ich wiederhole mich gerne.

Nach wie vor gilt, das erste Opfer eines Krieges ist immer die Wahrheit und nicht ein einziger Krieg beginnt erst mit dem ersten Schuss.

Bezüglich der beiden Weltkriege des 20. Jahrhunderts gilt, beide hängen untrennbar zusammen.

Der Weltkrieg Nr. 2 war die unmittelbare Folge von Weltkrieg Nr. 1, denn der Vertrag von Versailles war, ist und bleibt ein bösartiges Machwerk, das Hitler erst möglich gemacht hat. Damit spreche ich die Deutschen keineswegs frei.

Deutschland hat den Krieg Nr. 1 begonnen und diese Schuld bleibt ebenfalls ewig. Aber viele haben vieles unternommen, um die Deutschen genau dazu zu bewegen.

Wie lange hat es gedauert, bis man wenigstens solches äußern durfte?

Vieles beim Ukrainekrieg ist mit der Situation vor dem 1. Weltkrieg vergleichbar.

Nur wenn wir der jungen Generation vorurteilsfrei die Geschichte der Weltkriege vermitteln können, dann wird vielleicht auch die Gegenwart und Zukunft besser.

Unser Volk ist mit der bedingungslosen Niederlage von Nazideutschland nicht befreit worden. Dies ist eine Lüge. Unser Volk war Nazideutschland und musste kapitulieren.

Es hat einen hohen Preis dafür gezahlt, natürlich hauptsächlich diejenigen Deutschen, deren Schuld wahrscheinlich am geringsten war.

Wie immer und überall haben sich die, die die Normen des Weltkrieges gemacht haben, rechtzeitig in Sicherheit gebracht und nur die, die sich nicht verstecken konnten, wurden höchst unterschiedlich bestraft.

Nicht nur an Deutschlands Ostgrenze waren das damals vor allen die Frauen, die bezahlen mussten.

Jeder Nachbarstaat von Deutschland und jede Siegernation hat nach 1945 auf seine Art Rache genommen. Die Opfer sind nie gezählt worden.

Die vielen wirklich schuldigen Deutschen sind nach 1945 für einige Monate oder Jahre verschwunden und dann als geläuterte Demokraten wieder aufgetaucht.

So um die 2000 Nationalsozialisten sind von den Siegern hingerichtet worden, eine unbekannte Zahl Nationalsozialisten hat sich und ihre Familien selber umgebracht.

Der Rest musste mit der Niederlage und der Schande weiterleben.

Sie haben sich dem gestellt, wissend, Gerechtigkeit ist nirgendwo zu erwarten, und sie haben mit all ihrer Kraft das Land wieder aufgebaut.

Es waren Nazis und Antifaschisten, das ist die Wahrheit. Es ist ebenfalls wahr, die ehemaligen Nazis waren in der Mehrheit!

Deren Schuld und Schande kann zwar nie vergehen, aber sie haben den nachfolgenden Generationen ein Leben in Würde und Freiheit ermöglicht.

Das wirklich Beste, was der Weltkrieg Nr. 2 hervor gebracht hat, war das Grundgesetz der neuen Bundesrepublik, auch wenn einer der 68-er Lumpen seinen Körper so trainiert hatte, dass er vor Gericht auf dieses Grundgesetz scheißen konnte.

Jeder kann sich selber informieren, was die Väter und die wenigen Mütter des Grundgesetzes im Reich Nr. 3 gearbeitet oder gelitten haben, und kann versuchen herauszufinden, welches Maß an Schuld ihnen zukam.

Kein geringerer als Theodor Heuss hat zugegeben, als Reichstagsabgeordneter dem Ermächtigungsgesetz zugestimmt zu haben.

Wie soll solcherart Schuld je gemessen werden?

Es wird wahrscheinlich noch Jahrzehnte dauern, bis in der Bundesrepublik „aufgearbeitet" wird, dass kaum ein Nazi-Jurist je für seine Schuld am Reich Nr. 3 und am Krieg Nr. 2 zur Verantwortung gezogen wurde. Schließlich hat es Jahrzehnte gedauert, bis den Deutschen klar wurde, auch in Hitlers Außenministerium gab es den einen oder anderen Nazi.

Meine Großmutter hat für den Tod ihres Sohnes, der auf dem Felde der Ehre usw. … nichts bekommen. Er liegt noch heute auf einem Soldatenfriedhof in Kaliningrad. Ihr Jüngster starb während des Krieges an Diphtherie und ihr Mann starb im April 1945 an Rippenfellentzündung.

Sie trug an ihrer Trauer und Schuld in ihrem Inneren und musste zusehen, dass sie ihre drei Töchter, bei Kriegsende 13, 15 und 18 Jahre alt, einigermaßen schützen konnte.
Erst kamen die Amerikaner, dann die Russen.

Bei zweien hat sie es geschafft.

2. Vorschlag.
Erinnern Sie sich Ihrer Vorfahren und versuchen Sie doch einmal etwas Konkretes zu erfahren, was diesen widerfahren ist.
Vielleicht besuchen Sie auch einmal einen Soldatenfriedhof und gehen durch die schier endlosen Reihen der Gräber. In Frankreich, an der Kanalküste, sind Soldatenfriedhöfe aus beiden Weltkriegen.
Tauchen Sie über Ihre Familie in die Zeit des Dritten Reiches ein und stellen Sie sich vor, was wohl in dieser Zeit aus Ihnen geworden wäre?
Wo wären Sie mitmarschiert?
Ach ja, wenn Sie wollen, kaufen Sie sich eine Deutschlandfahne und hängen sie verkehrt herum auf. Schlagen Sie nach, was dies bedeutet!

Kapitel 2: Carlo Schmidt, die Nazis und die elementare Schwachstelle des Grundgesetzes

In diesem Kapitel bleiben wir beim Thema Grundgesetz/Nazis damals und heute. Wir lernen im Grundgesetz die Stellung und Bedeutung des Kanzlers kennen, betrachten den 1. und 3. Kanzler etwas näher und außerdem lernen Sie eine meiner großen Schwächen kennen, nämlich die, mich bei Themen, die mir wichtig sind, einfach nicht kurz fassen zu können.

Außerdem dürfen Sie hier zum ersten Male „zwischen den Zeilen" lesen.

Ich denke, Sie wissen nun, die umgekehrte Fahne bedeutet: Das Land ist in Gefahr …

Die umgekehrte Fahne soll unser Revolutionszeichen sein, denn jede Revolution braucht ein solches Zeichen.

Unsere Revolution ist gewaltfrei, freundlich und vorerst theoretisch, leicht sarkastisch und versetzt mit einem Schuss Satire.

Ich würde gern die Demokratie in unserem Land vom Kopf wieder auf die Füße stellen.

Deshalb das Symbol der umgekehrten Staatsflagge.

So lange die Antidemokraten jedoch die Macht haben, heißt es Gold, Rot, Schwarz statt Schwarz, Rot, Gold.

Zuvörderst etwas Grundsätzliches.

Das mit der Schwachstelle ist keinesfalls eine Kritik an den Vätern und Müttern des Grundgesetzes. Schon gar nicht an Carlo Schmidt.

Die Schwachstelle ergibt sich einfach aus der Tatsache, dass die Damaligen sich den Zustand der heutigen Bundesrepublik einfach nicht vorstellen konnten und deshalb meinten, das Volk müsse jede Regierung mindestens 4 Jahre ertragen, egal was die da auch immer treibt.

Also, im November 2023 ergibt sich aus meiner Sicht folgendes Bild.

Das Land ist von Armutsflüchtlingen geflutet. Die Städte und Gemeinden müssen mit den letzten Reserven diese Menschen unterbringen und versorgen.

Die „Klimakatastrophe" wird über die Verbreitung von Zukunftsangst von Menschen gepredigt, die es in den meisten Fällen nicht einmal zu einem Studienabschluss geschafft haben.

Eines der größten Infrastrukturprojekte Deutschlands wurde von „Unbekannten" gesprengt, sodass wir über eine ausgewachsene Energiekrise verfügen und die höchsten Energiepreise der Welt bezahlen. Und jeder im Lande und außerhalb weiß, die Russen waren es nicht.

Die Atomkraftwerke wurden oder werden stillgelegt, aber im Bundestag beklagt man sich, dass die französischen Atomkraftwerke nicht genug Strom liefern.

Das Land ist hochverschuldet, doch die politische Unfähigkeit soll permanent mit neuen Schulden repariert werden.

Die deutsche Bundesregierung unterstützt einen Krieg, der wie jeder Krieg ungeheure Opfer fordert, aber die deutsche Regierung und der größte Teil des Bundestages kann einfach nicht genug davon kriegen.

Die öffentlich-rechtlichen Medien sind weitestgehend gleichgeschaltet, genau wie die allermeisten Printmedien, durch den Haltungsjournalismus. Viele Köpfe, eine Meinung.

Menschen, die die Meinungsfreiheit des Grundgesetzes leben, werden diffamiert und ausgegrenzt.

Da können aufmerksame Mediennutzer durchaus nachweisen, der Medienstaatsvertrag wird permanent von linksgrünen Funktionären an wichtigen Schaltstellen der Demokratie mit Propaganda ausgehöhlt, doch alle Medien tun so, als ob gar nichts dabei sei.

Mit den unseligen universitären Lehrstühlen hinsichtlich der Genderforschung wird die Biologie vergewaltigt und der Bundestag macht aus Männern Frauen und aus Frauen Männer.

Von Nationalökonomie versteht in der derzeitigen Regierung kaum einer etwas.

Deutschland hat in die Bundesregierung und in die EU Frauen und Männer entsandt, deren Bildungsniveau und demokratisches Verantwortungsbewusstsein fassungslos machen.

Von linksgrünen Politikern werden Millionen Menschen mit Hilfe des „Kampfs gegen Rechts" mobilisiert, nur um von den eigenen Brüchen und Deformierungen des Grundgesetzes abzulenken.

Das mag erst einmal genügen. Diese Aufzählung ließe sich noch einige Zeit fortsetzen.

Wie gesagt, solche Sachverhalte waren zum Zeitpunkt der Entstehung des Grundgesetzes nicht vorstellbar.

Die Briten und Amerikaner installierten damals den Parlamentarischen Rat mit der Aufgabe, unter Kontrolle und mit Hilfe der Sieger eine demokratische Verfassung zu erarbeiten.

Es wurde das Grundgesetz, weil man dann 1949 doch lieber die Politiker abstimmen ließ und nicht das Volk.

Ein Anachronismus an sich, weil eben nicht nur Antifaschisten damals Politik gemacht haben.

Der Vorteil war somit, ohne dass man es aussprechen musste, mit der Hauptschuld am Weltkrieg war hurtig das Volk versehen, und davon nahmen sich dann die ehemaligen Nazis ein kleines Stückchen Teilschuld, zumindest ab und an.

Viele konnten jedoch bis an ihr seliges Ende grundsätzlich alles von sich weisen.

Selbst wenn dann später mal einige, wie zum Beispiel Papa Heuss, Schuld eingestanden haben, das Volk trug die Hauptschuld und musste somit, bis zum heutigen Tag, vor sich selbst geschützt werden. Nun und so haben sogar manche, die das Volk in den Weltkrieg geführt haben, über das Grundgesetz mit abgestimmt und das Volk so beschützt.

Das hat schon den Hauch des Genialen.

Seit dem ersten Tag seiner Geltung ist das Grundgesetz quasi ein Gesetz mit zwei unterschiedlich langen Beinen und muss so immer von den Politikern gestützt werden.

Es, das Grundgesetz, hinkt praktisch, weil die Politiker zwar die demokratische Wahl durch das Volk, nicht aber die demokratische Abwahl der Regierung durch das Volk in diesem Gesetz verankert haben.

Bayern hat übrigens bei der ersten Abstimmung das Grundgesetz abgelehnt.

Nun zu einigen Inhalten. Die wichtigste politische Funktionsstelle im Grundgesetz, die mit der meisten politischen Macht ausgestattet ist, ist die des Bundeskanzlers.

Beschäftigen wir uns also mal mit dem Regierungschef.

Carlo und die Seinen haben im Grunde das Grundgesetz mit dem edlen Ziel entworfen, Lehren aus der Vergangenheit zu ziehen und es besser zu machen.

Man hat sich dabei an der Verfassung der Weimarer Republik orientiert.

Deshalb haben wir heute einen absolut machtlosen Bundespräsidenten und einen mächtigen Kanzler.

Zwar haben die Kanzler manchmal auch sehr brauchbare Minister oder Berater, aber das ist recht selten. Mir fallen da nicht sehr viele Personen der Vergangenheit ein.

Der Bundespräsident, also absolut ohne Macht, weshalb er im Volksmund liebevoll auch Grüßaugust genannt wird, der muss auf das Votum, sprich die Wahl durch das Volk, verzichten.

Dafür schlägt er dem Bundestag den jeweiligen Sieger der Bundestagswahl zur Kanzlerwahl vor.

Im Grunde ist der Posten eines Bundespräsidenten der denkbar schönste Posten im ganzen politischen System, weil man selbst nach dem Ausscheiden aus dem Amt außerordentlich toll versorgt wird und auf Staatskosten in einem Schloss wohnen kann.

Verantwortung hat man kaum, weil nahezu bei jeder wichtigen Aktion des Bundespräsidenten erst mal der Kanzler gefragt werden muss, ob der das erlaubt.

Kanzler wird, wer die absolute Mehrheit, also mehr als 50 Prozent der Stimmen im Bundestag erhält. Der neue Kanzler wählt sich dann in Zusammenarbeit mit den siegreichen Parteien seine Minister aus. Alle Minister sind Minister des Kanzlers, was bedeutet, sie können nur aus dem Amt entfernt werden, wenn es der Kanzler so will, oder wenn der Kanzler selber zurücktreten muss.

Das Ganze heißt dann Bundesregierung.

Wo es politisch lang geht, legt der Kanzler fest, was dann Richtlinienkompetenz genannt wird.

Jeder Minister darf hernach in seinem Ministerium herumwerkeln, wie er gerade möchte, sofern die Richtung stimmt.

Jedes Ministerium hat dann mehrere Hundert oder auch tausend Mitarbeiter, weil im Laufe der Zeit festzustellen war, Minister können auch sehr dumm sein. Die verschiedenen Mitarbeiter müssen dann das Schlimmste verhindern.

So haben es die Mannen und Frauen um Carlo herum festgelegt.

Über das Ausmaß an Dummheit, das ein Minister mit ins Amt bringen konnte, war man sich damals noch im Unklaren.

Weil der Kanzler nun so wichtig ist, wollen wir mit leichter Hand die Geschichte anrufen und uns die Herren und die Dame mal näher betrachten, die da so mächtig werden durften.

Im Grunde lohnt sich das so richtig nur bei 4 Kanzlern. Die anderen, nun ja, bilden Sie sich ein eigenes Urteil.

Beginnen wir mit unserer Nabelschau beim ersten Kanzler, Konrad oder Conny (für seine Freunde) Adenauer. Ich habe übrigens nie gehört, dass Adenauer jemals Conny genannt wurde.

Ich bin nicht gerade das, was man einen Freund nennt, aber ich weiß, was er geleistet hat.

Es ist der, der ein wenig wie ein Indianer aussah.

Seine politische Karriere begann in Köln, das damals noch zu Preußen gehörte. Die Familie, aus der er kam, war so untere Mittelschicht. Alles arbeitsame Leute, die sich aus einfachen Verhältnissen hochgearbeitet, man könnte auch sagen „hochgebildet", haben. Er wurde Bürgermeister von Köln und war einer der am besten bezahlten Beamten Preußens. Er hat einmal viel Geld verloren, daraus aber gelernt. Er war ein Arbeitstier.

Sein Weg zur Macht war wie bei jedem anderen Machtmenschen einzigartig. Adenauer war nie ein Nazi, war sogar mal kurzzeitig in einem KZ, allerdings in einem, wo die Betten mit weißen Laken überzogen waren. Das wollte ich auch erst nicht glauben, aber in einer Biografie über Conny habe ich ein Bild gesehen.

Die Nazis wurden seiner doch habhaft, er kam ins Gefängnis, auf eine Weise, die einen fassungslos macht. Glauben Sie mir, dieser Mann wurde in seinem Leben geprüft.

Die Nazis hätten Adenauer gern umgebracht, was aber aus verschiedenen Gründen nicht gelang.

Es gibt zig Biografien über ihn. Ich habe 3 gelesen. Man kann sich nur so ein paar Highlights merken.

Adenauer hat die drei Westzonen nach dem Krieg bei Null übernommen und da war er schon über 70 Jahre alt.

Dabei war es von Vorteil, dass sein Name mit A begann.

Das Land, besiegt, zerstört, ohne Hoffnung und die übrig gebliebenen Deutschen von den meistens Völkern gehasst wie die Pest, das war Deutschland damals.

Die Ostzone lag für Conrad schon weit hinter dem Ural, geistig gesprochen.

Er war durch und durch Pragmatiker.
Am Anfang seiner Tätigkeit als Kanzler, da leitete er auch noch das Außenministerium, war also Kanzler und Außenminister in einer Person.
Obwohl er manch persönlichen Schicksalsschlag einstecken musste, war er ein Begünstigter der Vorsehung.

Wie kein Zweiter konnte er Mögliches vom Unmöglichen unterscheiden und das in kürzester Zeit.
Er hatte den typisch rheinischen Humor und konnte boshaft wie eine Tarantel werden.
Sein Weg an die Spitze der CDU machte deutlich, das Schicksal hatte ihn auserwählt, d. h. nicht nur die Gelegenheit muss stimmen, man muss sie auch wahrnehmen.
Als Machtmensch wusste er, vom Parlamentarischen Rat wird man zuallererst den Chef im Gedächtnis behalten.
Die wirkliche Arbeit hat Carlo übernommen, der war der Kopf und der Geist des Grundgesetzes, Conny der Repräsentant.

Adenauer hat sich dann im ersten Deutschen Bundestag selbst gewählt und wurde so mit einer Stimme Mehrheit der erste Kanzler.

Er hat dann sofort allen alten Nazis, die nicht direkt an der Tötung der Millionen Juden beteiligt waren, die Absolution erteilt. Um das deutlich zu machen, war aus seiner Sicht sein wichtigster Minister Hans Globke. Hans hat nach eigener Aussage einigen Juden das Leben gerettet. Im Dritten Reich war er allerdings als Jurist direkt an den Rassengesetzen beteiligt. Sein Beitrag ist bis heute nachweisbar. Wie so viele andere wurde er allerdings nicht bestraft, sondern konnte Karriere machen.

Adenauer hat sich in allen Amtsstuben ausgekannt. Er brauchte Leute, die von Verwaltung etwas verstanden, er brauchte Leute, die mit anpacken konnten, und er wollte den Rücken frei haben.

Globke war dafür einfach der ideale Mann.

Das größte Glück für die Regierungsjahre Adenauers war ein Mann, den er nie wirklich hat leiden können.
Aber Adenauer war ein „ Menschenfänger".
Am Ende hat er diesen Mann sogar gehasst und alles getan, um ihm zu schaden.
Ich rede von Ludwig Erhard.
Ohne Erhard wäre die Bundesrepublik nach dem Ahlener Programm der CDU ein planwirtschaftlich organisierter Staat geworden und wir müssten uns heute keine Sorgen um unsren Wohlstand machen, denn den gäbe es da gar nicht.
Die viele Macht, die Adenauer in seiner Person als Kanzler und Außenminister vereinigte, ließ in ihm den Glauben wachsen, grundsätzlich von allem alles zu verstehen.
Ludwig hat Adenauer nicht nur durch seine Arbeit bewiesen, dass der Alte, wie Adenauer heimlich genannt wurde, von Nationalökonomie nichts verstand, er hat es ihm auch tatsächlich gesagt, vielmehr geschrieben.
Für mich ist der Hass Adenauers auf Erhard nur damit zu erklären, dass Adenauer im Stillen wusste, Erhard hatte recht.
Für reine Machtpolitik wäre Adenauer jederzeit bereit gewesen, die Marktwirtschaft den Sozis zum Frass vorzuwerfen.

Ich habe lange gebraucht, als Ostdeutscher mit Adenauer meinen Frieden zu machen. Letztendlich waren es zwei Sachverhalte, die mich dazu führten. Zum Ersten wäre da die Frage, die mich schon immer umgetrieben hat: Wie hätte ich mich an seiner Stelle verhalten?

Eine Frage, die sich bei Betrachtung der Geschichte jeder Mensch immer wieder stellen sollte.

Zum anderen war es eine Filmsequenz, die ich im Fernsehen gesehen habe.

Ich hoffe, Sie wissen, nach der bedingungslosen Kapitulation Deutschlands kamen Millionen Soldaten der Wehrmacht in die Kriegsgefangenschaft. Jeder Siegerstaat hat da erst einmal Rache genommen. Die einen mehr, die anderen weniger.

Die Russen, die ja im Krieg den höchsten Preis zu bezahlen hatten, rächten sich wirklich. Ich schenke mir jetzt weitere Details. Jedenfalls die Soldaten in russischer Gefangenschaft hatten den Zonk gezogen.

Für die DDR waren das nur schuldige Nazis und somit kümmerte die sich nicht groß um diese Menschen. Bis zu zehn Jahre mussten manche Soldaten in der Sowjetunion Zwangsarbeit leisten. Adenauer hat sich für sie eingesetzt. Er hat sie heimgeholt. Sagen die, die ihn ehren wollen.

Ich sage das auch.

Aber ich will von diesem Filmausschnitt erzählen.

Adenauer reist nach Moskau, verhandelt also mit den Russen, muss sich halb zu Tode saufen, damit die Verhandlungen erfolgreich werden, sagt in den Gesprächen deutlich „die Soldaten müssen nach Hause kommen" und besiegelt das Ganze mit Handschlag.

Die Soldaten dürfen nach Hause, denn die Russen halten ihr gegebenes Versprechen, und dann kommen diese ausgemergelten Gestalten an den Bahnhöfen in Deutschland an. Adenauer ist mitten unter den weinenden glücklichen Menschen, die sich in den Armen liegen. Da tritt aus der Menge so ein Muttchen an den ersten Kanzler der Nachkriegsdeutschen heran, fasst seine Hand, geht in die Knie und will diese Hand küssen. Lachend, aber mit einem einzigen Ruck zieht Adenauer die Frau hoch und lässt sie „aufrecht neben ihm stehend" an der Freude aller teilhaben.

Vor einem Adenauer hatte man Respekt, immer, darauf hat der Alte zu jeder Zeit wert gelegt.

Und durch seine Lebensleistung hat er diesen Respekt auch verdient.

Doch einem Bundeskanzler Adenauer wird weder die Hand geküsst, noch kniet man vor ihm nieder.

Wahrlich, der erste Bürger und der erste Demokrat in der neuen Teilrepublik.

Oh nein, das ist kein Heiligenschein, den ich Conny da verpasst habe. Er hat viel zum Nachdenken über diese Zeit übrig gelassen und wenn Sie dieses Buch lesen, dann stellen Sie sich dem.

Adenauer hat die CDU zu dem geformt, was sie heute noch ausmacht.

Machtgeil, verschlagen-opportunistisch bis zum Gehtnichtmehr, und in mancher Hinsicht sind die Archive der CDU so verschlossen wie die des Vatikans.

Zu keiner Zeit hatte die CDU auch nur irgendetwas mit dem Christentum zu tun.

Adenauer hat das Deutsche Volk tatsächlich aus der schwersten Krise geführt, die es bis dahin gab.

Hart und zäh hat er einen Schlussstrich gezogen, einfach nur aus eigener Machtvollkommenheit. Wir haben kein Recht, die Menschen der damaligen Zeit zu verurteilen. Wir können nur feststellen.

Denn bedenken Sie, vor allem, wenn Sie über diese Zeit oder über die damaligen Menschen einfach den Stab brechen wollen. Wie hätten Sie damals gehandelt, welchen Platz hätten Sie im Reich Nr. 3 ausgefüllt, wo wären Sie mitmarschiert?

Tja, das ist so eine Erkenntnis, zu der wir gelangen müssen. Dieser Teil unserer Geschichte wird die Deutschen niemals mehr loslassen. Wir tragen ihn in unserem Herzen und auch auf unserer Stirn.

Niemals dürfen wir vergessen, die Nationalsozialistische Deutsche Arbeiterpartei hatte zu ihren Glanzzeiten mehr als 7 Millionen Mitglieder.

Nimmt man das heutige öffentlich-rechtliche Staatsfernsehen ernst, so leben wohl noch immer über die Hälfte davon in Ostdeutschland.

Das ist insofern interessant, weil ja Ostdeutschland fast vierzig Jahre lang der Teil Deutschlands war, wo es überhaupt keine Nazis gegeben hat.

Obwohl ich zugeben muss, schon während meiner Studienzeit ging das Gerücht um, Studenten einer sozialistischen Hochschule hätten des Führers Geburtstag gefeiert.

Irre gab es auch in der DDR.

Kam das Thema Nazis auf, dann waren alle Blicke der Ostdeutschen auf Westdeutschland gerichtet.

Nichts, aber auch gar aus nichts aus dieser Zeit ist veränderbar oder wiedergutzumachen.

Ja, wir können unsere Geschichte hassen, wir können unser Sein als Deutsche verachten, doch etwas besser machen kann man nur in der Gegenwart.

Wer heute gegen Nazis demonstriert, sollte mal alte Filmstreifen aus der Nazizeit betrachten, vielleicht fällt dann etwas auf. Vielleicht aber auch nicht.

Kommt als Nächstes der 3. Bundeskanzler, Kurt Georg Kiesinger.

Jetzt geben Sie mal Ruhe mit dem 2., der kommt später. Wir waren jetzt bei den Nazis. Also Kurt war in der Partei – ob er allerdings ein Nazi war, entzieht sich meiner Kenntnis.

Beate Klarsfeld, eine deutsch-französische Jüdin, war sich sicher, Kiesinger war ein Nazi, und hat ihm deshalb öffentlich eine gelangt. Es war wirklich ein heftiger Schlag. Ich habe ihn im Fernsehen der DDR gesehen. Kurt musste sofort eine Sonnenbrille aufsetzen, weil wohl das eine Auge zuschwoll.

Was mich bis heute umtreibt und was ich mir nicht erklären kann; woher wussten die Begleiter von Kurt Georg, dass sie genau an diesem Tag eine Sonnenbrille brauchen würden?

Zurück zum Thema. Also die Nazis.

Wenn Sie es sich wirklich antun wollen, sich diesen grässlichen Teil unsrer Geschichte verständlich zu machen, dann sollten Sie nicht mit einem deutschen Historiker anfangen.

Ich schlage Ihnen den Amerikaner Jonah Goldhagen und sein Buch „Hitlers willige Helfer" vor.

Ein sehr trauriges Buch für uns Deutsche. Noch trauriger ist allerdings der kleine Sammelband, der danach in den Buchläden erschien, in dem verschiedene deutsche Promis erklärten, warum ihrer Meinung nach das Buch von Goldhagen „Scheiße" ist. Sie haben natürlich nicht das schlechte Wort benutzt, vielmehr hat jeder in sauberem Hochdeutsch erklärt, warum ausgerechnet er kein Helfer war. Der kleine Band heißt „Ein Volk von Mördern?".

Aber ja doch. Es ist ein Teil unserer Geschichte.

Besuchen Sie vielleicht einmal das wichtige Museum in Nürnberg, auf dem ehemaligen Reichsparteitagsgelände. Dort sehen Sie, wie nahe Goldhagen an der Wahrheit ist.

Tja, so ist der Mensch. Für mich ist Goldhagens Buch wahr, denn ich habe meine Mutter genau über diese Zeit befragt. Von wegen, es gibt keine Kollektivschuld.

Als zweites Buch empfehle ich Ihnen Christopher R. Brownings „Ganz normale Männer".

Untertitel „Das Reserve-Polizeibataillon 101 und die ‚Endlösung' in Polen". Es sind auch ein paar Bilder drin, die Sie sich wirklich genau anschauen sollten, vor allen die, wo Gesichter zu erkennen sind. Nun, und das dritte wäre dann Hannah Arendts „Eichmann in Jerusalem."

Wenn man sich mit Büchern festlegt, dann ist es eine Tatsache, dass Verschiedenes außen vor bleibt. Schon unsere Sprache lässt uns häufig nicht das sagen, was wir meinen, einfach weil es nicht sofort richtig ausgedrückt werden kann. Und bei Büchern ist es so, nennen Sie drei, so bleiben eine ganze Menge ungenannt, die auch gut sind. Vergeben Sie mir.

Haben Sie sich einmal in eines dieser Bücher eingelesen, so werden Sie mit großer Wahrscheinlichkeit nicht mehr so schnell von dem Thema loskommen. Es sei denn, Sie gehören zu jenen modernen Menschen, für die Geschichte eine Art Ballast ist, den man nach Belieben abwerfen kann.

Ich glaube zutiefst, wir kommen wie alle Völker niemals aus unserer Geschichte heraus.

Die Nachgeborenen tragen aber an der Vergangenheit keine Schuld!

Aus unsrer besonderen deutschen Vergangenheit ergibt sich jedoch Verantwortung, die wir immer zu tragen haben.

Ja, wir müssen es besser machen.

Wir müssen wissen, was wie geworden ist, damit wir daraus lernen können. Dabei gilt das Wort von Karl Jaspers, der wohl einmal sinngemäß gesagt hat, Demokratie ohne Freiheit sei nicht möglich, aber Freiheit ohne Wahrheit auch nicht.

Wer sich tatsächlich mit den Nazis auseinandersetzen will, wird darüber erstaunen, was er alles noch nicht gewusst hat. Je mehr Sie jedoch wissen, umso öfter kommen Ihnen dann Fragen unter, die Sie nur schwer beantworten können – oder wollen.

Eine solche Tatsache, die Sie bei Lesen eines dieser Bücher erkennen werden, ist die folgende:

Ist ein Verbrechen so richtig groß, sagen wir mal, so wie alles, was zum 2. Weltkrieg geführt hat und dort passiert ist, dann kann von Sühne, Aufarbeitung oder Wiedergutmachung keine Rede sein.

In den alliierten Kriegsverbrecherprozessen sind einige bestraft worden, die Russen und die Polen haben sich all die Nazis gegriffen, derer sie habhaft wurden. Sie haben nicht viele bekommen, da jeder, der Nazidreck am Stecken hatte, zusah, so schnell wie möglich in die Westzonen zu kommen, denn da konnte man sich Entnazifizieren lassen.

Stattdessen hat man sich die Zivilbevölkerung vorgenommen.

Schlagen Sie im Wörterbuch mal nach, was dieses Wort „Entnazifizierung" bedeutet.

Die Amis haben einige in Landsberg aufgehenkt, viel lieber nutzten sie aber deren vielfältige Erfahrungen.

Nun zu der Frage.

Wie viele wirklich schuldige Deutsche hätte man mit dem Tode bestrafen müssen?

Bis zum heutigen Tag weiß ich keine Antwort.

Deshalb die Frage, die mich umtreibt, seit ich über das 3. Reich nachdenke.

Gibt es nicht doch eine kollektive Schuld, so wie es auch eine kollektive Verblödung gibt?

Sie werden sehr schnell merken, unser Geschichtsbild ist uns übergestülpt worden, und deshalb dürfen Sie auch in der deutschen Demokratie nicht alles so sagen, wie Sie es beim Studieren von Quellen erkennen, wenn Sie sich nicht der öffentlichen Stigmatisierung aussetzen wollen.

Wir müssen da wohl noch einige Zeit vergehen lassen.

Die alte Bundesrepublik wäre allerdings ohne die Mithilfe der nationalsozialistischen Volksgenossen nicht das geworden, was sie heute ist. Das Rechtswesen ist so z. B. von einer Art Antifaschisten entworfen worden, wurde aber von einer Unmenge ehemals strammer Nazis mit juristischer Erfahrung in die alltägliche Rechtspraxis umgesetzt.

Ein Beispiel.

Das Schicksal von Hans Filbinger legt darüber Zeugnis ab. Er war Marinerichter, hat sogar noch nach dem 8. Mai 1945 kampfunwillige deutsche Soldaten zum Tode verurteilt und konnte eindeutig seine Unschuld beweisen.

Wie er das gemacht hat, weiß ich nicht.

Er machte in der Politik Karriere, wurde Ministerpräsident von Baden-Württemberg und starb in seinem Bett, hochgeachtet. Er war durch und durch Jurist.

In meiner Heimatstadt haben die Russen, nachdem sie die Stadt besetzt hatten, Uniformträger vor das Rathaus getrieben und dort mit ihren Gewehrkolben auf sie eingeprügelt, bis keiner sich mehr geregt hat. Nach Aussage meiner Mutter waren es hauptsächlich Hitlerjungen.

Einen habe ich in meiner Jugend noch als alten Mann erlebt. Grauhaarig, gebückt an einem Stock gehend, das Gesicht eigenartig deformiert und in den Augen die Angst dieser Welt.

Um die Probleme der alten Nachkriegsbundesrepublik aber noch eindeutiger zu charakterisieren, sei ein letztes Beispiel gegeben.

Stellen Sie sich vor, Sie wären Jude. Sie lebten mit Ihrer Familie in einem kleinen Dorf in Deutschland bis zu ihrer Deportation nach Auschwitz. Ihr Hab und Gut wird nach ihrem Auszug aus dem Dorf über die Gemeindeverwaltung an die Dorfbewohner verteilt. Keines Ihrer Familienmitglieder überlebt Auschwitz, nur Sie.

Nach Jahrzehnten kehren Sie in Ihr Dorf zurück und sehen bei Ihrem ehemaligen Nachbarn Ihren Schrank. Die Gretchenfrage lautet, haben Sie Anspruch auf ihren Schrank?

Natürlich nicht, schließlich folgte man damals, so wie auch heute, dem Recht und Gesetz.

Lange Rede kurzer Sinn, man kann bei der Verbrechensgröße, die der Nationalsozialismus zu verantworten hat, keine Gerechtigkeit walten lassen. Es gilt, rette sich wer kann, denn keiner war es gewesen.

Wer sich hat schnappen lassen, der war verloren, alle anderen wurden gerettet.

Mit dem Hitlerschen Justizapparat tun wir uns immer noch schwer, sehr schwer.

Übrigens, die Frau des Herrn Freisler, Sie wissen schon, der, der dem Volksgerichtshof vorstand und so schön schreien konnte, die hat, weil Vati in Leipzig von einem Balken erschlagen wurde, doch tatsächlich die Pension eines Bundesverfassungsrichters bekommen, behaupten manche, und ich kann es bis heute einfach nicht glauben. Es war der, der die Offiziere des deutschen Widerstandes unters Schafott gebrüllt hat.

Es ist Zeit, zu verallgemeinern. Wollen wir etwas lernen, dann sollten wir in der Lage sein, richtige Nazis von falschen zu unterscheiden.

Wir erkennen Nazis auch heute noch an Folgendem:
- Nazis haben eine Ideologie, die nicht angezweifelt werden darf; sie haben eine bestimmte Haltung zu gewissen Dingen, ihnen allein gehört die Wahrheit;
- Nazis bemächtigen sich der Medien, um Andersdenkende erst zu beschimpfen, dann zu verleugnen, sie zu stigmatisieren;

- Nazis machen bestimmte Menschen oder Gruppen oder Völker in den Medien zu unversöhnlichen Feinden, die entmenschlicht werden müssen, damit man Krieg gegen sie führen kann;
- Nazis erkennen Wahlen nicht an, es sei denn, sie haben gewonnen;
- Nazis vertrauen auf den Führerkult, in dem der Führer oder die Führerin jede Entscheidung fällen kann, die man für richtig hält: Wissen muss nicht sein, Gefühl ist alles;
- Nazis in der heutigen Zeit kommen nicht mehr als Faschisten daher, sie kommen als Antifaschisten, behauptet ein Italiener, und der muss es ja wissen, denn schließlich haben die Italiener den Faschismus erfunden;
- Nazis verachten die Demokratie, bevor sie die Demokratie abschaffen, machen sie eine Karikatur daraus;
- Nazis nutzen die Rechtsordnung zur Machterlangung, sind sie am Ziel, legen sie fest, was Recht ist;
- Nazis lieben es, andere als Nazis zu bezeichnen;
- Nazis finden immer einen Grund, um Krieg zu führen!

Diese Aufzählung ist nicht vollständig. Für den Augenblick mag es jedoch genügen. Wir wollen einander nicht überfordern, ist dies doch für Deutsche eines der schwierigsten politischen Themen überhaupt. Schlafen Sie erst mal darüber.

Beim Lesen des obigen Abschnittes wäre es übrigens an der Zeit, Ihre Verschlagenheit einzusetzen und den Aha-Effekt wirken zu lassen.

Beginnen wir, ausgeschlafen, mit etwas Tröstlichem.

Sie müssen keine Furcht davor haben, dass der Faschismus mit Hakenkreuz, Konzentrationslagern, Judenverfolgung oder ähnlichem wiederkommt. Wirklich, ich kann es Ihnen mit gutem Gewissen versprechen. Sehen Sie, selbst stramme Nationalsozialisten, würden sie heute noch leben, wollen das gar nicht. Die totale Niederlage tut ihnen, den Nazis, noch heute weh- wenngleich sie diese doch recht ordentlich überlebt haben. Ihre Familien sind zu guten Demokraten mutiert, wie z. B. die Familie von Weizsäcker.

Vati war SS-General, natürlich ohne Schuld, klein Richard wurde Bundespräsident und im Vergleich sogar eine guter.

In Kanada wurde erst kürzlich einer der alten Kämpfer aus der SS-Division „Galizien" in aller Öffentlichkeit geehrt.

Verblödung ist kein deutsches Phänomen.

Die permanente Verwendung des Wortes Nazi erfolgt heute in Deutschland hauptsächlich aus drei Gründen:

1. Es geht darum, einzelne Menschen zu diskreditieren und zu stigmatisieren, die bestimmte Gedanken aussprechen oder niederschreiben, die man nicht hören will, weil sie der Geschichtsauffassung und der Alltagspolitik, wie sie die wirklich Mächtigen vorgeben, entgegenstehen.
2. Es geht darum, die AfD zu verunglimpfen, damit die guten Umfrageergebnisse nicht etwa zu einem Wahlerfolg werden.
3. Da sich unser Staat mit der Ukraine verbündet hat, muss man Deutsche zu Nazis machen, ob die wollen oder nicht, damit die Bevölkerung nicht etwa auf die Idee kommt, die Politiker eben dieser Ukraine näher zu betrachten.

Oh, ich höre es bis hierher. Ob ich denn nicht die Reden einzelner AfD-Mitglieder gehört oder gelesen habe?

Und ob, ich lese alles, was ich kriegen kann.

Und?

Ich möchte Ihnen jetzt mal ein paar Fragen stellen.

Welche Partei setzt sich am nachhaltigsten, gemäß unserem Grundgesetz, für Frieden in der Ukraine ein?

Welche Partei setzt sich für einen ehrlichen Kassensturz ein, damit wir wenigstens wissen, um wieviel wir eigentlich schon seit Jahren über unsere Verhältnisse leben?

Welche Partei hat während der irren Coronapandemie, die eine Plandemie war, die Grundrechte verteidigt?

Welche Partei möchte den Zustrom von sogenannten Flüchtlingen stoppen, damit die, die da sind, wenigstens einigermaßen in die Gesellschaft integriert werden können?

Welche Partei weiß, dass dies viel Geld kosten wird?

Welche Partei will wenigstens die abschieben, denen unsere Rechtsordnung Wurst ist?

Als letztes, welche Partei kann garantieren, dass in ihren Reihen keine Menschen sind, die eine Diktatur der Demokratie vorziehen?

Nein, eine Frage muss ich noch stellen. Wer ist eigentlich dafür verantwortlich, wenn Menschen abgeschoben werden, die sich nicht nur vorbildlich integriert haben, sondern die auch noch Deutsche werden wollen?

Merken Sie was? Wer Fragen stellen kann, hat Macht über die Antworten, vor allem dann, wenn die „vierte" Gewalt in „Haltung" erstarrt ist.

Antworten Sie auf diese Fragen sich selbst.

Natürlich besteht die Gefahr, dass die AfD die Menschen genauso verarscht, wie es die sogenannten etablierten Parteien schon seit Jahren tun.

Wollen Sie ein paar Beispiele haben?

Wer hat Kohl ermächtigt, die DM für Europa zu opfern?

Wer hat Schröder ermächtigt, die Ärmsten der Armen in Deutschland so zu alimentieren, damit der Staat zu Kontrollzwecken bis in die Schlafzimmer der Bundesbürger vordringen konnte?

Wer hat Frau Merkel ermächtigt, die Hoheit über unsere Staatsgrenzen aufzugeben, damit das Land mit Armutsflüchtlingen geflutet werden kann?

Wer kann von seinem Urlaubsort aus demokratische Wahlen für ungültig erklären, wer schafft im Handstreich ganze Industriezweige ab?

Wer hat in den letzten Jahren die Polizei der Deutschen auf die Bevölkerung losgelassen, wenn der „Souverän", ob in Stuttgart, Berlin oder Thüringen seine elementaren Grundrechte verteidigt hat?

Wer unterstützt denn einen vollkommen sinnlosen Krieg in der Ukraine, riskiert so einen Atomkrieg und hat vorher pausenlos vom Frieden und „Soldaten sind Mörder" geschwafelt?

Ja, es kann immer noch schlimmer werden. Aber in einer Demokratie wählt man nun einmal diejenigen, die das tun, was der Bürger will.

Die Demokratie ist die einzige Staatsform, die sich selber abschaffen kann.

Merken Sie sich das bitte.

Ich glaube, das ist von Churchill.

Wollen wir auf Dauer als Demokratie existieren, dann müssen wir nicht nur vertrauen in unsere Menschen haben, wir müssen als Deutsche zum Beispiel auch erklären dürfen, warum die Weimarer Republik scheiterte, und der 2. Weltkrieg hätte vermieden werden können.

Wer Tabus errichtet, hat etwas zu verheimlichen. Was wir nicht brauchen, ist politische Bevormundung, schon gar nicht von Studienabbrechern und Halbgebildeten.

Wir müssen wieder über alle Themen zu einem Meinungsaustausch, ja Meinungsstreit kommen, ganz einfach, weil keine Partei und keine Gruppierung alleine die Wahrheit für sich beanspruchen kann. Die einzige Richtschnur, die alle anzuerkennen haben, ist dafür unser Grundgesetz.

Und zuallererst gilt das für die Mächtigen!

Aber merken Sie auf. Wieder wird deutlich, was ich schon vorher gesagt habe, unser Grundgesetz lässt nicht zu, die, die uns dauernd verarschen, schnell loszuwerden.

Der Grund liegt einfach darin, dass die Nationalsozialisten Volksentscheide missbraucht haben und unser Carlo deshalb darauf verzichtet hat, diese im Grundgesetz zu verankern.

Bis heute besteht das Hauptargument gegen Volksentscheide auf Bundesebene darin, das Volk, also wir, würden wieder Schindluder damit treiben, weil wir zu blöd wären.

Das sagen unsere Eliten in der heutigen Zeit mit einer Ernsthaftigkeit, die beeindruckt.

Vielleicht misstrauen die Damen und Herren aber auch nur sich selber?

Nun müssen wir aber wirklich wieder zu unseren Kanzlern zurück. Kurt Georg war schuld und hat mich abgelenkt.

3. Vorschlag

Suchen Sie einmal im Fernsehen oder in den Printmedien nach Aussagen, die als faschistoid gelten könnten. Betrachten Sie diese im Zusammenhang und fragen Sie sich dann, ob Sie auch dieser Meinung sind.

Kapitel 3: Der bedeutendste Kanzler und die zwei wirklich Großen

Ein sehr langes Kapitel. Hier stehen die Kanzler Nummer 2 und 4 bis 8 im Mittelpunkt. Natürlich deutsche Geschichte und die Vertiefung unseres Wunsches nach politischer Beteiligung. Ich erzähle wieder ein paar kleine Geschichten und hoffe, bei bestimmten Kanzlern in Ihnen so etwas wie Nationalstolz auslösen zu können. Ich verweise auf die Gegner unserer friedlichen Grundgesetzrevolution.

Tja, wer auch immer unsere Nazis sind, sie werden uns stetig beschäftigen, schließlich resultiert aus dieser Tatsache unsere Verantwortung, es künftig besser zu machen.

Das trifft ebenso auf jene zu, die sich Antifa nennen.

Auch eine ganz besondere Truppe von Gutmenschen, die in Nazimanier die Nazis bekämpfen – oder wen auch immer sie dafür halten. Sie haben es zusammen mit anderen ihrer Denkungsart geschafft, wichtige gesellschaftliche Positionen und staatliche Geldquellen zu vereinnahmen, um aus unserer bürgerlichen Gesellschaft eine linksgrüne totalitäre Volksgemeinschaft zu machen.
Sie sind außerordentlich gewaltbereit, verlogen, arrogant und selbstgefällig.
Sie suchen sich immer Einzelne aus, die sie in ihrer Mehrheit dann drangsalieren. Der Hinterhalt ist ihr Wesen und ihre jeweiligen Gesichter verhüllen sie vor der Öffentlichkeit.
Nur noch Armbinden fehlen ihnen.

Aber wir müssen zu Nummer 2 auf der Kanzlerliste kommen.

Unser Ludwig Erhard, der Dicke mit der Zigarre, das stetige Ärgernis von Konrad Adenauer. Ludwig hat gerade mal eine Amtszeit als Bundeskanzler geschafft und musste schon den ersten Generalstreik der Nachkriegszeit aushalten.

Zweifellos war er der beste aller Wirtschaftsminister, den dieses Land je hatte und wohl auch je haben wird.

Alle wirtschaftlichen Erfolge der Ära Adenauer gehen auf das Konto von Ludwig Erhard.

Er ist der Vater der sozialen Marktwirtschaft, des Wirtschaftswunders, der D-Mark und somit des Wohlstandes, den wir zur Zeit so vollkommen verblödet verspielen.

Adenauer hat alles daran gesetzt, um die Kanzlerschaft von Erhard zu verhindern, umsonst. Erhard wollte sein ganzes Leben lang die Anerkennung und Freundschaft Adenauers. Bekommen hat er kurzfristige, geheuchelte Zuneigung und ansonsten gewaltige Tritte in den Hintern.

Adenauer, der Mann am Schreibtisch, der jedes Schriftstück las, das Arbeitstier.

Erhard, der Professor der Wirtschaft, der sich immer vor Ort aufhielt, für den Moral und Anstand ewige Lebensmaxime waren, der, dessen politische Blauäugigkeit mit großen Lettern in sein Gesicht geschrieben war.

Ein Mann, der Intrige völlig unfähig, immer an die Vernunft und an die Einsicht aller gesellschaftlichen Gruppen glaubend, ein wirklicher Lehrer der Volkswirtschaft, ein Mahner, ein Verkünder, ein Prophet.

Hoch gebildet und einfühlsam, immer hoffend, der Alte aus Rhöndorf werde ihn irgendwann doch noch als Nachfolger inthronisieren.

Alle Hoffnung war vergebens.

Aber Adenauer hat überhaupt niemanden gemocht, der Kanzler werden wollte.

Ob Ludwig tatsächlich von Johnson, dem Texaner, geohrfeigt wurde, wie ein Biograf andeutet, sei dahingestellt.

Weich war er schon.

Er war halt ein wirklich guter Mensch, kein Machtmensch.

Im ersten Weltkrieg wurde er verwundet, musste die Pleite des elterlichen Geschäftes mitansehen und ist trotzdem seinen Weg gegangen. Der führte ihn zur Volkswirtschaft und davon verstand er etwas. Sein Buch „Wohlstand für alle" kündet davon.

Hätte ich in diesem Staate etwas zu sagen, würde ich es zur Pflichtlektüre für den Staatsbürger machen, Politiker müssten es dreimal lesen.

Ludwigs größtes Glück war wohl die Tatsache, dass er Franz Oppenheimer kennenlernen durfte, seinen Doktorvater. Der ist heute nahezu vergessen, passt er doch so gar nicht in unsere Zeit. Ein ehemaliger Armenarzt, der ob des Elends, das er mitansehen musste, zur Volkswirtschaft wechselte, um dem Elend ein Ende zu machen. Einen Sozialismus mit marktwirtschaftlichen Zügen wollte Oppenheimer schaffen – es war nicht zu schaffen. Obwohl er selbst sehr klug war und einen sehr sehr klugen Schüler in Ludwig hatte.

Mit Sozialismus wollte hingegen Ludwig nichts zu schaffen haben, also nannte er sein volkswirtschaftliches Kind Marktwirtschaft mit sozialen Zügen, kurz soziale Marktwirtschaft. Er hat wohl Oppenheimer verehrt, aber angewendet hat er eher die Erkenntnisse von Ludwig von Mises.

Was mich bis zum heutigen Tag heiter stimmt, ist die Tatsache, dass wahrscheinlich 90 Prozent der Bundesbürger die soziale Marktwirtschaft ungefähr so verstanden hatten wie die DDR-Bürger den Sozialismus von Marx und Lenin.

Der Unterschied zwischen beiden Richtungen bestand darin, das westliche Modell hätte funktionieren können, könnte es gar heute noch, ist aber zu einer Art Zwitterwesen verkommen: einerseits Raubtier und andererseits träumende Oma.

Das andere, der Sozialismus, war und ist eine Totgeburt, trotz der schönen Sahra.

Das Grundgesetz legt uns, was die Wirtschaftsordnung betrifft, nicht fest, was tiefes Bedauern in mir auslöst, hoffentlich auch in Ihnen.

Wir könnten auch Sozialisten werden, was durchaus realistisch ist, wenn wir weiterhin ohne Sinn und Verstand zur Wahl gehen.

Sehen Sie, ob Sie es wahrhaben wollen oder nicht, das Wirtschaftssystem ist die Grundlage in jeder Gesellschaft, für Frieden, für Wohlstand und natürlich auch für Gerechtigkeit.

Die Deutschen haben zwei Kriege vom Zaun gebrochen, wurden zweimal total besiegt, haben ein vollkommen zerstörtes Land wieder aufgebaut, haben Reparationen geleistet, Gebietsverluste hingenommen, Millionen richtiger Kriegsflüchtlinge in die Gesellschaft integriert und sind trotz allem wieder auf die Beine gekommen.

Das verdanken wir wirtschaftspolitisch zuallererst Ludwig Erhard.

Er wusste, was zu tun war, und hat das durchgesetzt. Er hat Geduld geradezu gepredigt und er hat alle Gruppen aufgefordert, das Ganze zu sehen, nicht nur das Eigeninteresse.

Er hat noch gewusst, nur Wettbewerb und Produktivitätssteigerung führen zu einem besseren Leben.

Freiheit war für ihn unteilbar und Maßhalten für jedermann eine Pflicht.

Aus aktuellem Anlass möchte ich hier nur einen einzigen Satz aus seinem Buch zitieren, wobei der auch nur eine Volksweisheit darstellt, die Erhard dem Vergessen entzogen hat.

„Nur der Lump gibt mehr, als er hat."

Ludwig Erhard war der wahrhaftigste Politiker, den dieses Land je gesehen hat!

Uns geht es noch heute einigermaßen gut, weil dieser Bürger und wahrhafte Politiker die Grundlagen dafür gelegt hat.

Sehr zum Leidwesen der Franzosen und Polen. Wenn Sie das nicht glauben wollen, dann lesen Sie mal einige Meldungen aus Frankreich, als die D-Mark abgeschafft wurde und stattdessen der Euro kam. Unsere rheinischen Nachbarn sind erst in genau diesem Moment zu den Siegern des letzten Weltkriegs geworden, haben sie behauptet.

Die DM, die Kohl den Franzosen geopfert hat, war das leibliche Kind von Ludwig Erhard.

Die erfolgreichste Währung nach dem zweiten Weltkrieg kündet bis auf den heutigen Tag, auch wenn sie nicht mehr da ist, von dem Können und den Fähigkeiten dieses großen deutschen Nationalökonomen. Die Einzigartigkeit dieses Mannes bestand einerseits in seinem theoretischen Konzept und in seiner unvergleichlichen Fähigkeit, dieses Konzept in die Realität der Wirtschaft umzusetzen.

Seine formierte Gesellschaft blieb allerdings ein ewiger Schatten.

Die Polen, nun ja, die haben erst in letzter Zeit wieder ihren polnischen Koller bekommen, im Grunde seitdem der kleinwüchsige Kinderschauspieler was zu sagen hat. Dieser politische Strolch hat es in sich. 125 cm geballter Hass auf die Deutschen und Russen.

Mehrere Hundert Millionen möchte der Kleine nochmals von den Deutschen abfassen, weshalb Polen heute wohl eine Armee aufbaut, die größer ist als die Bundeswehr.

Einen General Beck hat es in der polnischen Geschichte offensichtlich gar nicht gegeben.

Nun, sie haben weder aus dem Weltkrieg one noch aus dem Weltkrieg two gelernt. Es gibt heute ein Gesetz in Polen, das jedem mit Strafe droht, der polnische Schuld am Krieg auch nur vermutet.

Tja, wir wären auch gerne unschuldig.

Doch wir sind ja bei Kanzler Nummer 2.

Wenn Sie wirklich etwas von dem Verstehen wollen, was Ludwig wollte, dann müssen Sie zwei Sachen lesen. Als erstes das Manifest 72, das er mit Müller-Armack geschrieben hat. Und dann natürlich sein Gesetz über Wettbewerbsbeschränkungen.

Ludwigs großer Traum, die Versöhnung von Kapital und Arbeit auf der Basis der Vernunft, muss immer noch geträumt werden. Als Beleg dafür mag die Entwicklung der Managergehälter auf der einen Seite und die Lohnentwicklung auf der anderen Seite dienen, sowie das Ganze dann in Beziehung gesetzt zur Preisniveaustabilität.

Betrachten Sie die Wirtschaftsentwicklung der Bundesrepublik, dann kann man verallgemeinernd feststellen, alle, die nach Erhard kamen, haben sein Lebenswerk entweder nicht verstanden oder zerstörten es absichtlich, nur weil sie glaubten, es besser zu können.

Als Atlantiker hat Erhard den Engländern den Weg in den europäischen Einigungsprozess ermöglicht, wofür diese sich mit stetigen Störmanövern und Extraforderungen bedankt haben.

Adenauer war da immer dagegen, genau wie sein rheinischer Nachbar Charles. Na ja, ist halt so gewesen.

Adenauer hatte den größeren Weitblick.

Man muss bei Erhard das Attribut schwach, wenn es denn überhaupt je verwendet wird, durch das Wort glücklos ersetzen. Er hat viel in seiner Regierungszeit ertragen müssen und scheiterte schließlich am Geld.

Ein Anachronismus an sich.

Auf einer Spielwiese der Egomanen hat der Homo habilis keine Chance.

Die soziale Marktwirtschaft, die DM und der unglaubliche Selbstbehauptungswille, zuallererst der deutschen Trümmerfrauen, haben Deutschland aus dem Elend herausgeführt.

Ja, und auch das amerikanische Geld des Marshall-Planes.

Jedoch sollte jedem klar sein, nichts, aber auch gar nichts geben die Amerikaner für ein freundliches Dankeschön. Der militärisch-industrielle Komplex, wie Eisenhower das in seiner Abschiedsrede so schön formuliert hat, fordert für jede gegebene Leistung mindestens das doppelte an Gegenleistung zurück. Da können durchaus Jahrzehnte vergehen, nichts ist vergessen.

Damit das klar ist, meine Abneigung richtet sich nicht gegen das amerikanische Volk.

Ich verabscheue heute nur aus tiefstem Herzen dieses ewig kriegerische und verlogene politische Establishment in Washington, das jeden Winkel der Erde als ihr ureigenstes Eigentum betrachtet, in dem sie glauben machen zu können, was immer sie wollen.

Ich glaube, in keinem Land der Erde ist die Kluft zwischen Regierung und Volk so groß wie in den USA.

Wie hätte Ludwig Erhard auch nur erahnen können, was aus den USA geworden ist.

Was mir allerdings Respekt abverlangt, ist die Tatsache, dass die Amis, neben der Schweiz, zu den wenigen Völkern gehören, die bewaffnet sind.

Darin, meine Lieben, liegt der Grund und in nichts anderem, dass die Rüstungsausgaben der USA die höchsten der Welt sind und man sich doch lieber um das Ausland kümmert, unabhängig davon, ob die Ausländer das nun wollen oder nicht.

Die amerikanische Administration überlegt es sich lieber zehnmal, ob sie sich für ihre Bevölkerung einsetzt.

Denn sie wissen, Freiheit ist für den gewöhnlichen Ami nicht bloß ein Wort, es ist eine Lebensart, die mit der Waffe zu verteidigen ist.

An dieser Stelle muss ich ausdrücklich betonen, ich fordere keineswegs die Bewaffnung der Deutschen!

Bei unserer derzeitigen Regierung würde das unweigerlich zu Partisanenkämpfen und bürgerkriegsähnlichen Zuständen führen.

Die furchtbaren Bluttaten von Erfurt und anderswo sind mir sehr wohl noch in Erinnerung.

Aber ein anderes Ritual, das Sigmund Freud in seinem Werk „Totem und Tabu" beschreibt, finde ich außerordentlich segensreich und bewahrenswert.
In Sierra Leone (Afrika) soll es ein Volk gegeben haben, welches anlässlich der Neubestimmung des Häuptlings mögliche Kandidaten erst einmal nach allen Regeln der Kunst durchgeprügelt hat. Überlebte der Delinquent, durfte er die Privilegien des Anführers genießen. Ein wirklich schöner Brauch, vor allen, wenn man …
Ich bin irgendwie vom Thema abgekommen.

Wir sind ja bei den Bundeskanzlern der Vergangenheit und bis zu Schröder hätte wohl keiner diesen Brauch verdient.

Jedenfalls, die Bundesrepublik gedieh relativ prächtig, die Demokratie des Grundgesetzes funktionierte leidlich und wir können so zur Großen Koalition zwischen CDU und SPD kommen.

Also, eine Koalition ist ein Zusammenschluss von zwei oder mehreren Parteien, um über die 50 %-Hürde zu kommen, denn erst dann darf man als Kanzler regieren. Große Koalition nennt man einen Zusammenschluss von etwa gleich starken Parteien; Kleine Koalition, wenn die FDP dabei ist.
Die FDP war lange Zeit dafür verantwortlich, dass die CDU im Bundestag immer eine Mehrheit hatte und so den Kanzler stellen konnte. Heute ist die FDP weniger wählerisch, aber immer noch sehr teuer. Um das zu belegen, sei an das Ministerium für Entwicklungshilfe erinnert. Das wurde extra geschaffen, weil eine wichtige FDP-Parteigröße eine Aufgabe benötigte. Der

Herr machte dann Karriere, wurde später sogar Bundespräsident und er soll – dafür kann ich mich allerdings nicht verbürgen – die Fischerchöre ins Leben gerufen haben.

Nun weiter. Über Nummer drei, Kurt Georg, haben wir schon gesprochen, der führte die Große Koalition, und nachdem er geohrfeigt wurde, kam die Nummer 4.

Die große Zeit der SPD

Man mag es gar nicht glauben, wenn man die heutige SPD betrachtet, dass diese Partei einmal Männer hervorgebracht hat, die Weltgeltung erlangten. Ich meine da nicht etwa nur die beiden großen Kanzler, nein, diese zwei Vollblutdemokraten konnten Menschen an sich binden, die ihnen gleichwertig waren.

Die Regierung Kiesinger war insofern neu für die Bundesrepublik, weil hier in aller Öffentlichkeit ein ehemaliger Nazi und ein reinrassiger Antifaschist zusammenarbeiteten.

So im gewöhnlichen politischem Alltag der Bundesrepublik war es übrigens absolut normal, dass ehemalige Nazis und Antifaschisten zusammen gearbeitet haben. Aber auf der obersten Ebene?

Es funktionierte.

Der Beweis dafür ist unser Rechtswesen. Obwohl nicht einer von den Nazijuristen verurteilt wurde, hatten wir über Jahrzehnte ein funktionierendes Rechtssystem.

Jedenfalls, nach Kiesinger kam als Kanzler Willy Brandt.

Ein Mann von Format, bescheiden und klug, ein Politiker für das Volk mit einer ganz charakteristischen Aussprache.

Brandt war der erste, der den Osten Deutschlands nicht auf den Lippen, sondern im Herzen trug.

Noch heute vergisst kaum ein Ostdeutscher seinen Besuch in Erfurt.

Ich war ein jugendlicher Dödel, als die Rufe Willy, Willy vor Brandts Hotelfenster ertönten. Die Bilder im Westfernsehen sind mir unvergesslich.

Da konnten die DDR-Oberen sich ruhig einreden, die Willy-Rufe hätten dem Willy Stoph gegolten.

Die Entspannung, die Abrüstung, die Wiedervereinigung, alles begann mit Brandt.

Na ja, er soll eine Schwäche für Journalistinnen gehabt haben; übrigens der Erste, über den Derartiges gemunkelt wurde.

Nachkriegsgeneration, Antifaschist, Emigrant, ewiger Mensch.

Die Ostverträge!

Unvergessen sein Kniefall in Polen. Und natürlich sein Credo als Politiker: Wir sind keine Erwählten, sondern Gewählte...

Der Friedensnobelpreis.

Wahrscheinlich kennen Sie die Geschichte um den DDR-Spion und dem Rücktritt von Willy Brandt. Er hatte nichts falsch gemacht, trug an dem Spionagefall keine Schuld und trotzdem übernahm er die Verantwortung.

Wie sagte doch einer der bedeutendsten parteiinternen Widersacher von Willy, der olle Herbert?

„Der Herr badet gern lau.“

Die Menschlichkeit von Politikern wird gerade von anderen Politikern gerne verhöhnt.

Seit Obama können wir feststellen, Brandt hat den Friedensnobelpreis geadelt, als er ihn annahm.

Nur weil ein Denkmal nicht fliehen kann, steht das von Willy Brandt heute noch in der SPD Parteizentrale. Ich weiß nicht mehr, wer das mal gesagt hat.

Doch die Politik von Willy Brandt hat mit der heutigen SPD ungefähr soviel gemein wie das Evangelium mit der CDU.

Womit wir bei Nummer 5, dem ersten Helmut, sind.

Hanseat, gescheitelte Haare wie mit dem Lineal gezogen, Kettenraucher. Er wurde der „Macher" genannt, weil er, ohne zu zögern, im Inland die Bundeswehr einsetzte, als ein gewaltiges Hochwasser die Menschen im Norden bedrohte. Da war er noch Innensenator von Hamburg.

Es gibt für mich keinen würdigeren Menschen als Helmut Schmidt, der die Nachfolge von Willy Brandt hätte antreten können. Ob Schmidt der beste Kanzler war, den die Bundesrepublik je hatte, weiß ich nicht.

Er machte jedenfalls dort weiter, wo Brandt aufgehört hatte. Als ehemaliger Wehrmachtsoffizier im Weltkrieg two wusste er, warum Verhandeln immer besser ist, als aufeinander zu schießen. Er wusste um die Vorteile der gegenseitigen Abhängigkeit und er sah den Osten, die Zone, einschließlich der kommunistischen Führungen, immer als einen Teil von Deutschland und die Menschen als Deutsche.

Deutsche Menschen, mit denen man reden musste.

Der Kampf gegen den Terror der RAF.

Helsinki, Abrüstung, Nachrüstung, gelebte politische Menschlichkeit.

Er und Brandt, das sind die Kanzler der deutschen Einheit, nicht die Nummer 6.

Helmut Schmidt hat sein Land geliebt und in seiner Politik immer die Welt gesehen.

Er hatte eine eigene Sicht auf den Weltkrieg gehabt, die ich respektiere, jedoch nicht teile. Seine Persönlichkeit hat der Bundesrepublik Status und Bedeutung in der ganzen Welt verliehen.

Er besaß einen ungeheuren Weitblick, was durch seinen Ausspruch zu belegen ist: Wer die Grünen wählt, der wird sich später einmal bitterste Vorwürfe machen.

Die SPD-Mitgliedschaft gehört jedoch zu seinem Schicksal genau wie bei Brandt, und somit trugen auch beide die negativen Eigenschaften der Sozis in sich.

Ich glaube, es war Ludwig von Mises, der einmal geschrieben hat, die SPD gebe gern das Geld anderer Leute aus ...

Der Kanzler Nummer fünf war der erste, der aufgrund eines konstruktiven Misstrauensvotums gestürzt wurde. Artikel 67 GG regelt dieses Verfahren. Betrachten Sie nun noch die beiden folgenden Artikel, so können Sie unschwer die große Schwäche unseres GG erkennen.

Sie und ich als Wähler haben bei wichtigen Entscheidungen in der Politik nichts zu melden. Das hängt mit dem Reich Nummer drei zusammen. Leider hat auch Carlo seinem Volk nichts zugetraut, was aber nach dem Krieg durchaus verständlich war.

Die grandiose Staatsverschuldung begann zwar schon bei Adenauer. Richtig Fahrt aufgenommen hat sie aber erst bei den SPD-Kanzlern.

Bis zum heutigen Tag ist es eine Unsitte der Politik, Geld auszugeben, das man nicht hat. Leider gehört es bis heute auch zum politischen Alltagsgeschäft der Opposition, der Regierung Geldverschwendung vorzuwerfen, nur um in dem Moment, wo man selber an der Macht ist, die Verschwendung und Verschuldung um ein Vielfaches zu vergrößern.

Also, nun zu Kanzler Nummer 6, wieder ein Helmut, diesmal ein Pfälzer.

Glückskind der Geschichte, ohne besondere Eigenschaften.

Der erste Gutmensch der Neuzeit.

Die Doktorarbeit von Helmut Kohl war in etwa von der Qualität wie meine Diplomarbeit, unteres Mittelklasseniveau. Es fällt schwer, seinen Politikstil zu beschreiben. Irgendwo stand geschrieben, seit Kohl muss man sich nicht mehr vor den Deutschen fürchten, vielmehr könne man jederzeit Döner mit ihnen essen.

In seine Regierungszeit fiel die deutsche Einheit, ohne dass er jetzt besonders viel dazu beigetragen hätte. Wer das nicht glaubt, suche sich altes Filmmaterial von Honeckers Besuch in Bonn heraus.

Da war der Anteil des dicken Bayern größer. Leider hat den Einsergymnasiasten Franz Joseph der Herr frühzeitig abgerufen. Er hätte es verdient gehabt, die Einheit noch zu erleben.

Wonach aber fragt das Schicksal?

Außerdem war da noch die Abschaffung der DM, die Treuhand und der Anfang der Neuausrichtung von Europa, Westeuropa. Alles Kohlpolitik.

Der letzte große Kabarettist von Deutschland hat mir in seinem Buch bezüglich von Nummer 6 aus der Seele gesprochen.

Ich will jetzt nicht die Geschichte der Umbettung von Friedrich dem Großen im Detail erzählen. Nur soviel, der Friedrich wollte wohl nur am Abend, im Beisein seiner Hunde beerdigt werde. Da er aber nach dem Weltkrieg two und der deutschen Einheit ausgegraben und neu beerdigt wurde, verschaffte sich Helmut der 2. Zutritt zu dieser Aktion. In dem Buch von Georg Schramm steht sinngemäß, an der Beerdigung nahmen zwei Hunde und ein Armleuchter teil.

Mehr kann man aus meiner Sicht zu den Kohlschen Regierungsjahren nicht sagen.

Deutschland war wohlgenährt, selbstzufrieden und arrogant, jederzeit bereit, Negatives unter den berühmten Teppich zu kehren.

Die Art und Weise, wie Kohl die Einheit mit seinen Mannen und Frauen umgesetzt hat, machte den reichen Westen arm und die im Osten zu unzufriedenen Verlierern.

Ich habe mal irgendwo gelesen, die Bundesrepublik hätte Milliarden aus dem DDR-Vermögen vor den Selbstbedienern retten können, wenn man 20 oder 25 Staatsanwälte mehr eingestellt hätte, damals.

Das hat Helmut der 2. nicht gemacht und so bleibt das warum, wie so manches andere, sein Geheimnis.

Womit wir schon bei Nummer 7 wären.

Als junger Mann soll Gerhard Schröder mal am Zaun des alten Bundeskanzlerbungalows in Bonn gestanden haben und den folgenschweren Satz geäußert haben: Ich will da rein!

Er durfte.

Dem moralisch-geistigen Niedergang, den Helmut der zweite vorbereitet hatte, dem verlieh Gerhard nun etwas Fahrt.

Was sich die Vorgänger nie getraut hätten, setzte die erste sozialdemokratisch und grün geführte Bundesregierung ohne Hemmungen durch.

Hartz 4 oder die völlige Entwürdigung der nicht ganz so Begüterten.

Man könnte auch sagen, Schröder hat die SPD damit kastriert, ohne dass das bis heute alle mitbekommen haben. Und dabei hat er uns vor dem Irakkrieg bewahrt, wenngleich der bundesrepublikanische Geheimdienst die Amerikaner mit den notwendigen Falschmeldungen versorgte, damit der Krieg überhaupt erst losgehen konnte. Was die Inspekteure der OSZE und der UNO zu sagen hatten, blieb damals wie heute unberücksichtigt. Inzwischen gibt es eine Komödie, die im Staatsfernsehen von Deutschland diesen Sachverhalt mit Humor aufarbeitet.

Was sind schon ein paar Hunderttausend Tote und ein völlig zerstörtes Land?

Man könnte noch so manches sagen, vielleicht nur noch das, mit seinem damaligen Außenminister, einem anerkannten Straßenschläger, lieferte er sich eine Art Rennen, wer kann in welcher Zeit die meisten Frauen heiraten und wieder loswerden. Bis jetzt steht es wohl unentschieden.

Komisch, die Freundschaft zwischen Schröder und Putin hat damals keinen gestört. Heute hingegen ist das anders, wie so vieles.

Ich will endlich fertig werden, kommen wir also zu Nummer 8.

Angela Merkel, die Frau aus der Uckermark, die Rautenfrau, Mutter Merkel.

Halt, das muss ich noch sagen. Deutsche Soldaten wurden nach Weltkrieg two wieder an alte Kriegsschauplätze zurückgeführt – ausgerechnet von der Partei, die am nachhaltigsten die Bundeswehr immer bekämpft hat. Dafür hatte man sich extra Anstecker angefertigt, auf denen stand „Soldaten sind Mörder"...

Grün scheißt die Gans, sagt der Volksmund.

Also zu Nummer 8 oder zur Rache von Ostdeutschlands Kommunisten an den westlichen Kapitalisten.

Eigentlich stammt sie ja aus dem Westen und ist, was selten genug vorkam, vom Westen in den Osten übergesiedelt, mit Sack und Pack, wie man so schön sagt.

Tja, die Karriere vorbildlich, ohne Mitglied der SED zu sein.

Promotion in Physik und Mitarbeit in der Akademie der Wissenschaften der DDR.

Darüber staunt jeder DDR-Bürger noch heute.

Ich will nicht spekulieren, denn wenn man da anfängt, weiß man nicht, wo man aufhören soll.

Immer wenn ein Staat zusammenbricht, wird's grotesk. Da gibt es viele Verlierer und durchaus einige Gewinner. Dem einem schadet seine Nähe zum alten System, dem anderen ist genau das förderlich.

Was mich aber damals im jungen Gesamtdeutschland am meisten erstaunt hat, ist die Tatsache, dass kaum jemand die eigenartige Leere in diesem jungrunden, bäuerlich anmutenden Gesicht von Angela Merkel bemerkt hat. Die erste Bundeskanzlerin hatte bis zum Zusammentreffen mit Udo Walz die Frisur, die eindeutig ausgesagt hat, was sie ausmachte. Eine rustikale Bauernschläue gepaart mit dem Intellekt eines Holzeimers.

Was soll man sagen, alles, was Kohl und Schröder in unserer Demokratie nicht zerbröseln konnten, hat Angela sich vorgenommen. Am Ende ihrer 16-Jahre-Regierung stand der Sachverhalt, dass die deutsche Bundeskanzlerin vor den Amerikanern nichts zu verbergen hatte (hatte sie auch nicht vor der Staatssicherheit der DDR). Sie war die erste Kanzlerin, die ihren Wählern offen mitgeteilt hat, dass dieselben keinen Anspruch auf Erfüllung der Wahlversprechen haben, dass in Zukunft die Grundrechte wohl deutlich eingeschränkt werden müssten und dass unsere Grenzen irgendwelche dicken Linien auf alten Landkarten sind.

Wenn der Intellekt fehlt, kann nur noch das Gefühl regieren.
Und über Gefühle verfügte Mutter Merkel reichlich, auch wenn sie keine Kinder hat. Mit dem Begriff Deutschland hat sie nur Negatives verbunden und demzufolge immer der Nation den Rücken zugewandt. Die politische Erziehung der DDR hat da tadellos funktioniert. Wie sie unser GG ignoriert hat und wie sie die Atomkraft aus unserem Leben genommen hat oder wie sie die Wahl von Herrn Kemmrich in Thüringen für ungültig erklärte, kann durchaus als demokratiefern bezeichnet werden.
Innerhalb der sogenannten Pandemie hat sich gezeigt, wie wenig Frau Merkel von Demokratie hielt, und zusammen mit ihren Helfershelfern hat sie unser Volk zu Laborratten gemacht.
Dazu noch die Reduzierung unseres Grundgesetzes auf bloße Vorschläge, die man einhalten kann oder nicht, ebenfalls ihr Werk.

Wie sie auf den Zug des Klimawahns aufgesprungen ist, lässt ernsthafte Zweifel zu, ob sie tatsächlich je mit Naturwissenschaft zu tun hatte.

Allein die Auswahl jener Männer, die unter ihrer Anleitung ein wenig in der Politik mitmachen durften, hat gezeigt, dass die Gleichberechtigung der Frau keinesfalls nur Vorteile brachte.

Aber halt, halt! Das habe ich gehört.

„Von wegen Klimawahn. Es geht um die Erderwärmung, du Vollpfosten, du Klimaleugner und Vollidiot!"

Können wir noch vernünftig miteinander reden? Zugegeben, ich wollte mit dem Wort Klimawahn Sie ein klein wenig provozieren, denn ich beschäftige mich nun schon seit Jahren mit dem Klima, indem ich Bücher darüber lese.

Deshalb muss man nicht gleich losbrüllen.

Ich würde Ihnen gerne erklären, warum ich Frau Merkel für die Person halte, die das Amt des Bundeskanzlers am allerschlechtesten ausgeübt hat.

Beginnen wir mit dem menschlichen Anstand.

Frau Merkel ist nicht aufgrund ihrer überragenden Fähigkeiten in der Politik vorangekommen, Helmut der 2. hat sie gemacht, ja, er hat sie gemacht. Sie war sein Kunstprodukt.

Ist Ihnen noch in Erinnerung, wie sie ihn dann abserviert hat?

Ich habe nie für Helmut Kohl etwas empfunden, doch damals war ich wirklich betroffen.

So, müssen Sie sich vorstellen, ist Adenauer mit Menschen umgegangen.

Kommen wir zu ihrem wissenschaftlichen Habitus. Sie durfte als Kind eines Pfarrers studieren, konnte promovieren und bekam dann eine Arbeitsstelle in der Akademie der Wissenschaften der DDR. Das ist für die DDR keineswegs der Regelfall gewesen.

Aber sie muss über diesen Berufsweg über die Art und Weise, wie die DDR Wissenschaft betrieben hat, eindeutig informiert gewesen sein.

Wir haben in der DDR viel pädagogischen Mist gemacht, doch ich kann mich an keine Zeit erinnern, wo naturwissenschaftliche Sachverhalte als alternativlos bezeichnet wurden.

Naturwissenschaft war auch bei uns immer Suche, Streit und Diskussion.

Es gab auch bei uns schon Bücher über Klimaschutz, Umweltschutz und über das Artensterben. Doch nicht einer von all den Autoren, die ich damals gelesen hatte, hat sich angemaßt, die ewige Wahrheit zu kennen.

So wie diese Frau die Angst vor den Klimaveränderungen in ihre Politik eingebaut und instrumentalisiert hat, das kann ich nur als widerwärtig bezeichnen.

Nehmen wir als Letztes ein Symbol dieser Klimaangst.

Greta Thunberg!

Damals als Kind litt sie unter dem Asperger-Syndrom, einer psychischen Erkrankung. Ob sie heute noch krank ist, weiß ich nicht.

Verzeihen Sie mir, wenn ich jetzt unsachlich werde.

Dieses damalige kranke Kind wurde gerade im Merkeldeutschland aufgeblasen, quasi als Phönix, der zum Himmel aufstieg, für einige Jahre durfte sie über Berlin, über dem Vatikan, über der UNO und über sonstwas kreisen.

Immer mit dem Hinweis, sie sei die Heilsbringerin der Welt.

Man konnte sich so gut hinter ihr verstecken und musste so seine Planlosigkeit und sein Unwissen nicht preisgeben.

Keine Fakten, nur das unsinnige Geschwafel eines kranken Kindes.

Wenn Sie das nicht glauben, dann suchen Sie im Internet den Auftritt Gretas vor der UNO, wo sie herausgelassen hat, was sie ist. Jung, nicht besonders gut erzogen und erst auf dem Weg zu einem gebildeten Menschen.

Heute haben sie dem Phönix die Flügel gebrochen, denn der Phönix ist falsch geflogen, sprich, sie hat die falsche Seite im gegenwärtigen Nahostkrieg der Israelis gewählt.

Nur damit Sie meine Meinung kennen, in diesem Krieg gibt es keine richtige oder falsche Seite, nur Opfer.

Wie stehen Sie zu diesem Krieg? Ich könnte Ihnen diesbezüglich nur sagen, was ich gemacht habe.

Als ich die letzten Bilder von Gaza-Stadt gesehen habe, da habe ich nachgeschaut, wo ich so etwas schon einmal gesehen habe.

Beim Warschauer Aufstand im 2. Weltkrieg, als die Wehrmacht und die SS diese Stadt platt gemacht haben.

Aber das ist jetzt nicht das Thema.

Lassen Sie mich nur noch Folgendes anmerken. Seit Frau Merkel diskutieren wir über Klimafragen nicht mehr, das Klima ist zur Ideologie geworden. Das gleiche ist mit der Demokratie geschehen.

So wie jede andere Meinung in Klimafragen bekämpft wird, die den Potsdamern entgegensteht, so wird jeder bekämpft, der Demokratie anders sieht als diese Frau. Bei ihr hat das alles angefangen.

Sie ist die Mutter der neuen deutschen Bedeutungslosigkeit!

Es gibt eine Fernsehaufzeichnung, wo sie Bush den Jüngeren empfängt und zusammen mit anderen an einem großen Tisch sitzt. Bush Junior kommt da von hinten und würgt Frau Merkel scherzhaft.

Ihre Reaktion war bezeichnend.

Vor Putins Hund hat sie sich immer gefürchtet. Vielleicht hat Putin diese Aufzeichnung vom Besuch Buschs nie gesehen.

Ach ja, das will ich noch loswerden.

Wenn in der EU ein Konservativer (Weber) und ein Sozial-demokrat (Timmermanns) für das höchste EU-Amt kandidieren, wer gewinnt die Wahl?

Sie haben richtig geraten, derjenige, der von Frau Merkel bestimmt wird, also Frau von der Leyen.

So geht Demokratie seit Frau Merkel.

Also mir reicht es jetzt. Über jeden der 7 Kanzler und die eine Kanzlerin ließe sich noch vieles sagen. Viele dicke Bücher sind über die geschrieben worden, man muss sie nicht alle gelesen haben.

Fakt ist, diese 8 sind letztendlich wir. Sie sind unser Spiegelbild.

Sie haben uns so regiert, wie wir es zugelassen und verdient haben. Vergleicht man es mit dem Ende des Kaiserreichs und dem 3. Reich, ist das gar nicht so übel, wenn man weglässt, was aus uns hätte werden können.

Sie als Bürger müssen erkannt haben, und das ist die wichtigste Erkenntnis aus diesen ganzen Schmonzes, der Kanzler oder die Kanzlerin ist das bestimmende Element dieser Republik.

Alles andere, wie z. B. Minister, Staatssekretäre, Mitarbeiter, leitet sich davon ab, sie sind also Derivate. Lesen Sie die Art. 62 bis 69 GG und Sie wissen Bescheid.

Der Souverän, also wir, hat nach der Wahl zum deutschen Bundestag nichts mehr zu sagen. Er muss mindestens 4 Jahre warten, bis man ihn erneut auffordert, doch all die schönen Lügen zu glauben, die der Wahlkampf so hervorbringt.

Bis zu Frau Merkel hätte man denken können, schlimmer gehts nimmer.

Was für ein Irrtum.

Ich glaube, es ist ausreichend deutlich geworden, wollen wir nicht in einen dritten großen Krieg hineinschlittern, dann brauchen wir den Volksentscheid bezüglich Krieg und Frieden auf

Bundesebene, denn das ist das Grundelement der Demokratie schlechthin.

Politiker müssen vom ersten Tag ihres politischen Daseins wissen, bei Krieg und Frieden versteht der Souverän keinen Spaß und ist bei der ersten Entscheidungsmöglichkeit bereit, eben diese Damen und Herren in die Bedeutungslosigkeit zurückzuschicken.

Dieser Sachverhalt verlängert sozusagen das zweite Bein unseres Grundgesetzes, damit es nicht mehr hinken muss und als Stütze die Politiker nötig hat.

Wir benötigen das Grundgesetz als Verfassung, weil darin nicht nur der Volksentscheid auf Bundesebene enthalten sein muss, sonder auch die explizite Frage, ob die Bundesregierung tatsächlich in ihrer Arbeit dem Frieden dient.

Wenn wir übrigens einmal dabei sind, sollten wir auch gleich die Amtszeit eines Bundeskanzlers auf 8 Jahre beschränken.

Mehr muss vorerst nicht sein, denn wir müssen Erfahrungen mit Volksentscheiden sammeln.

Ein kurzes Wort noch zur Nummer 9.

Ich habe am Anfang versprochen, nicht beleidigend zu werden.

Über diesen Mann und seine Regierungsarbeit kann ich deshalb noch nicht schreiben, weil mein Herz vor Wut, Verzweiflung und Ablehnung überquillt.

Wer sind nun unsere Gegner, die die Ausübung der Volkssouveränität, also den Volksentscheid, verhindern wollen?

Da muss zuerst das gesamte politische Establishment der Bundesrepublik genannt werden, also alle Politiker, die gegenwärtig etwas zu sagen haben oder dies glauben.

Diese Verantwortungsträger lehnen jegliche Machtteilung ab und werden unser Ansinnen bis aufs Blut bekämpfen.

Die zu überwinden wird nicht einfach, doch die Geschichte lehrt uns, es ist möglich.

Schwieriger wird es mit jenen, die glauben, sie lebten im besten Land aller Zeiten.

Menschen, die gern andere entscheiden lassen und sich in ihr Schicksal einfach fügen.

Ich glaube, es war Marie von Ebner Eschenbach, die formulierte, die gefährlichsten Feinde der Freiheit seien die glücklichen Sklaven …

Vor dem ersten Weltkrieg muss eine ähnliche Zeit existiert haben wie heute. Niemand schien glauben zu können, dass Europa mal derart aufeinander losgehen könnte.

Und dann kam das große Morden.

Heute gibt es immer noch sehr viele Menschen, die sich einfach nicht vorstellen können, dass sie mit Europa, mit den Flüchtlingen, mit Corona und nicht zuletzt mit dem Ukrainekrieg in einer Art belogen wurden, die nur mit der Lügerei des Dritten Reiches vergleichbar ist.

Denen klarzumachen, dass Andersdenkende keine Nazis sind, dass sie Demokratie wollen und deshalb auf der rechten Seite stehen, das wird schwer werden.

Natürlich sind dann noch die Medien zu nennen. Menschen in Institutionen also, die nicht einfach lügen, sondern absolute Profis der Lügerei. Diese Damen und Herren haben die Lüge quasi zur Kunstform erhoben und sie verfügen über die entsprechende Ausrüstung zum Verbreiten ihrer Lügen.

Deren Hass und die Verachtung gegenüber Andersdenkenden wird in unserem Lande umgesetzt, als ob es kein Grundgesetz gäbe. Es ist ihnen in diesem Zusammenhang gelungen, unsere Gesellschaft bis hinein in die Familie zu spalten und aufeinander zu hetzen.

Wie diese Leute die Corona-Plandemie und die Angst um das Klima umgesetzt haben, verdeutlicht ihre Skrupellosigkeit und auch ihre Gefährlichkeit.

Menschenleben zählen für die nicht, es gibt für die keinen Anstand und keine Moral, nur versteckte und offene Bösartigkeit.

Das dürfen wir nicht vergessen.

4. Vorschlag

Besuchen Sie einen Abgeordneten ihrer Wahl, im Gepäck das Grundgesetz.

Lesen Sie ihm die Präambel des Grundgesetzes vor und fragen Sie ihn, warum seiner Meinung nach das Friedensgebot nicht umgesetzt wird.

Wenn Sie Mut haben, dann teilen Sie ihm nach erfolgter Diskussion mit, dass Sie sich für eine Grundgesetzänderung engagieren werden, die den Volksentscheid auf Bundesebene hinsichtlich Krieg und Frieden ermöglicht.

Kapitel 4: Warum Politiker in Wirklichkeit die Volkssouveränität hassen

In diesem Kapitel widmen wir uns den Engländern und würdigen einen ihrer größten Söhne. Wir betrachten kurz die Gewaltenteilung und stellen dar, warum wir in Deutschland keine 4. Gewalt mehr haben. Hernach vertiefen wir den Wunsch nach Abwahl der Regierung durch einen Volksentscheid, indem wir uns weiter dem zentralen Thema dieses Kapitels zuwenden, nämlich der tatsächlichen Volkssouveränität.

Wir beginnen dieses Kapitel mit der größten Lüge, die unsere Demokratie zu bieten hat, der Volkssouveränität. Sobald Sie einmal ganz zufällig mit unserem Staat aneinandergeraten, dann erfahren Sie sehr schnell, was ich meine.

Deshalb ist unsere Demokratie keineswegs böse, die Demokratie als Staatsform ist immer so, wie die Politiker sie gestalten. Was uns zu einem großen Engländer führt, Winston Churchill, der einmal sinngemäß gesagt haben soll, von vielen schlechten Regierungsformen ist die Demokratie noch die beste. Das ist nicht unbedingt als Kompliment zu verstehen.

Und Winnie musste es wissen.

Sollten Sie einmal unser Bildungssystem überprüfen wollen, dann fragen Sie mal einen beliebigen Abiturienten nach den Politikern, die das Potsdamer Abkommen unterschrieben haben.

Gut, gut, es kann durchaus sein, Sie müssen erst einmal weiter ausholen und erklären, was das Potsdamer Abkommen ist, vielleicht auch noch einige Kleinigkeiten zu Weltkrieg two äußern und dann hoffen, zu Ihrer Frage zu kommen.

Es gibt nicht wenige Leute, die als Antwort die drei „Großen“ nennen, also Stalin, Roosevelt und Churchill, was insofern falsch ist, als Winnie nicht durfte.

Sehen Sie, die Engländer sind ein recht eigenartiges Volk. Sie sind eine der ältesten Monarchien der Welt und haben viel zur Demokratieentwicklung beigetragen. Man hat Kolonien ausgeplündert bis aufs Hemd, man hat Menschenrechtsverletzungen begangen, das eine oder andere Massaker, auch die eine oder andere Flotte wurde auf den Meeresboden geschickt, einschließlich der Matrosen, aber man war immer auf der richtigen Seite und hat grundsätzlich auf einen Holocaust verzichtet.

Scheu vermerke ich noch mit zitternder Hand, sie sind die Erfinder der Konzentrationslager.

Die Briten haben ein vollkommen unverkrampftes Verhältnis zu ihrer Geschichte, was Sie an der Art und Weise sehen können, wie deren Soldaten marschieren.

Vergleichen Sie dazu das Geschichtsbild der Deutschen und den deutschen Stechschritt.

Bis zum heutigen Tag haben die Briten ihre Verfassung nicht aufgeschrieben, sie merken sie sich einfach.

Es gibt kaum ein Land, in dem der Abstand zwischen Adel und Volk heute noch so ausgeprägt ist wie auf der „Insel“, und trotzdem funktioniert dieses Land.

Also, die Briten mussten ja in Weltkrieg two einiges von den Deutschen aushalten, wurden während dieser Zeit straff geführt von Winnie, der in den Kriegsjahren fast wie ein Autokrat regierte und mit Hilfe der Russen und Amerikaner siegte.

Dann kamen die Wahlen zum Unterhaus und aus war es mit dem Sieg. Ein gewisser John Athlee siegte da und durfte demzufolge nach Potsdam fahren. Winnie zog sich für einige Zeit zurück und grämte sich.

So sind die Briten. Kein Wunder, dass selbst der Deutschlandverderber Nummer 1 sie zeitlebens bewundert hat.

Selbst heute nach ihrem Austritt aus der EU nehmen es die Insulaner sportlich. Als der kleine, ewig lachende Zyniker, der die Briten zum Austritt geführt hatte, gefragt wurde, warum denn nicht alles so schön gekommen ist, wie er versprochen hat, da soll er geantwortet haben: „Warum haben Sie mir denn geglaubt?"

Und höflich wird vor dem König der Nacken, das Knie oder sonst was gebeugt.

Sehen Sie, die Briten kennen die Volkssouveränität nicht, ihr Souverän ist der König und die Briten sind seine Untertanen. So was ist ehrlicher.

Wir hingegen sind Untertanen, und was wirklich traurig ist, wir wissen es nicht einmal.

Unser Staat ist souverän, wenn wir einmal von den Verpflichtungen gegenüber den Amerikanern absehen.

Sie dürfen als Bürger wählen, ja. Ein Kreuz hinter einen Namen, eins hinter eine Parteiliste und das war's. Da wir ein personalisiertes Verhältniswahlrecht haben, also mit Erststimme den Wahlkreiskandidaten wählen und mit der Zweitstimme die jeweilige Parteiliste, so haben Sie nur dann an der Demokratie teilgenommen, wenn Ihre Kandidaten bzw. Ihre Partei gewonnen hat.

Haben Sie die Verlierer gewählt, so war Ihre Wahl nur ein fiskalischer Akt, denn die Parteien bezahlen sich selber anhand der gewonnen Stimmen.

So um die 200 Millionen werden da herumgereicht, natürlich aus dem Steuertopf entnommen. Quasi ein Trostpflaster.

Tja, und dann machen die Parteien und Kandidaten, was sie wollen, die Gewählten.

Allerdings hat man in der Vergangenheit immer so getan, als ob alles im Sinne oder mit Zustimmung des Volkes geschah.

Zu keiner Zeit im Nachkriegsdeutschland ist die Politik allerdings derart ausgeartet wie in unserer Zeit.

Als sie denn kamen, Olaf, Annalena und Robert, den anderen können Sie getrost vergessen, der ist bloß teuer, da ging es richtig zur Sache.

Noch nie gab es in Deutschland eine Regierung, die derart viel Verachtung und Ablehnung gegenüber dem eigenen Volk entwickelt hat.

Nicht einmal Mutter Merkel hatte sich getraut, öffentlich zu verkünden, der Wählerwille interessiere sie absolut nicht.

Und wir haben keine Möglichkeit, uns dagegen zu wehren.

Hier und heute, im Jahr 2023, sind wir tatsächlich nichts anderes als Stimmvieh oder Urnenpöbel.

Schon Aristoteles hat die Demokratie als Pöbelherrschaft bezeichnet, woran Sie ersehen können, viel hat sich nicht geändert.

Man hat immer nur so getan, im Gegensatz zu heute. Heute darf man mit stolz geschwellter Brust dem Wähler den Mittelfinger zeigen.

Es gab eine Zeit, so vor 5 bis 10 Jahren, da bestand die Hoffnung, die Volkssouveränität könnte mit Hilfe der 4. Gewalt zumindest etwas gestärkt werden.

Hoffentlich wissen Sie, was ich meine.

Gewaltenteilung zwischen Parlament, Regierung und den Gerichten (Legislative, Exekutive, Judikative) ist ein wichtiges Kennzeichen der Demokratie.

Weil es so was in China oder Russland nicht gibt, dürfen sich diese beiden Länder auch nicht Demokratien nennen, was sie aber nicht weiter kümmert.

Wir hingegen hatten neben den Privatsendern unser öffentlich-rechtliches Fernsehen und eine Reihe wirklich guter Zeitungen, deren Grundsatz einmal gelautet hat, die Bevölkerung umfassend und wahrheitsgemäß zu unterrichten.

Das wäre dann die 4. Gewalt gewesen.

Heute bezahlen wir unsere Gebühren an die GEZ in der Hoffnung, dass es irgendwann einmal wieder besser wird.

Wie Sie sicherlich bemerkt haben, besteht bei der Berichterstattung in den Medien kaum noch ein Unterschied zwischen irgendwas.

Ideologisch gesehen sind wir durch den sogenannten Haltungsjournalismus auf Linie getrimmt worden.

Haltungsjournalismus ist das, was in der DDR der Klassenstandpunktjournalismus war.

Jeder Bürger kann nur dann richtig diskutieren, wenn er die richtige Haltung oder den richtigen Klassenstandpunkt eingenommen hat. Was richtig und was falsch ist, bestimmt die Regierung.

So ganz sacht und langsam ging diese sittlich-demokratische Verwahrlosung schon bei Angela los. Aber jetzt haben wir schon eine ausgewachsene Meinungsdiktatur.

Momentan werden Sie für eine abweichende Meinung lediglich beschimpft oder man ignoriert ihre Wortmeldung.

Was noch kommt, wissen wir nicht.

Aber wir wissen, welche Auswirkungen eine derartige Meinungsdiktatur hervorbringt. Mandatsträger von einer Oppositionspartei müssen inzwischen, genau wie die Mandatsträger in einer Bananenrepublik, um Leib und Leben fürchten.

Da im heutigen Deutschland „ehrbare Demokraten" auf Andersdenkende verbal und nonverbal einprügeln lassen und dazu natürlich die Medien notwendig sind, fällt die Berichterstattung entsprechend aus.

Die Hetze gegen Andersdenkende, die heute in Deutschland von der obersten Staatsspitze ausgeht, suggeriert den selbsternannten Sturmabteilungen der Demokratie, sie würden den Faschismus damit verhindern, wenn sie mit aller Aggressivität jene bekämpfen, die wirklich etwas anders machen wollen.

Niemand gibt politische Macht gerne ab.

Ich glaube, es war Goethe, der mal gesagt haben soll: War alles schon mal da.

Wer hätte je geglaubt, dass ausgerechnet im Land der Dichter und Denker einmal eine Partei die Macht erringen könnte, in der nahezu die gesamte Führungselite nicht mal ein Studium abgeschlossen hat.

Politik nur nach Gefühl, ohne Bildung und Wissen führt zur Selbstvernichtung.

Enttäuscht?

Denken Sie ans Auswandern?

Es ist wenig tröstlich, aber wohin Sie auch gehen, die Lüge der Volkssouveränität begleitet Sie. Um es klar zu sagen, die Volkssouveränität im Wortsinn muss erst noch entwickelt werden.

Kommt es ihnen nicht auch komisch vor, mit welcher Abgehobenheit unsere Politiker permanent die Demokratie verteidigen wollen, obwohl sie es doch sind, die sie dauernd in Frage stellen?

Ist es nicht seltsam, dass ausgerechnet wir Deutschen uns überall als Besserwisser hervortun, jedoch nahezu nichts sinnvoll Neues in unserem politischen System entwickeln konnten?

In jeder Gesellschaft existieren in der Regel zu jedem politischen Problem immer drei Gruppen. Die einen, die dafür sind, die anderen, die dagegen sind –, beides sind in der Regel Minderheiten – und die große Gruppe der noch zu Überzeugenden in der Mitte.

Genau die sind die absolute Mehrheit. Soll nun die Mehrheit in eine Richtung überzeugt werden, dann hat man zwei Möglichkeiten. Entweder Sie appellieren an die Gefühle der Menschen, machen ihnen Angst und bitten sie, ihren Verstand zu Hause im Schrank zu lassen.

Oder Sie beschäftigen sich mit dieser Mehrheit, versuchen herauszufinden, warum sie unentschlossen sind, und argumentieren mit Argumenten, die auf Erfahrung, Wissen und am besten auch auf Wissenschaft beruhen.

Natürlich müssen Sie nicht nur Argumente haben, Sie müssen auch glaubhaft versichern und beweisen können, dass Sie von was immer auch Ahnung haben und etwas können, und genau das verleiht Ihnen dann jene Achtung und Autorität, die Sie befähigt, Menschen zu führen.

Ich habe bewusst an dieser Stelle auf den Begriff Wahrheit verzichtet. Es gab einen Kanzler, der hatte, soviel ich weiß, immer mindestens drei Wahrheiten parat.

Heute hingegen regiert die Angst, die Angst vor dem Klima, die Angst vor den Russen, die Angst vor den Faschisten und natürlich die Angst vor den furchtbaren Viren. Bald kommt auch noch die Angst vor der Hitze hinzu, Angst vor einem Wassernotstand bietet sich noch an und natürlich noch die Angst vor den Chinesen.

Immer dient diese Angst als Ausgangspunkt für Verbote und Einschränkungen.

Nur, dass wir uns verstehen. Bei unserer Menschwerdung hat uns die Angst wertvolle Dienste geleistet. Noch heute gibt es Situationen, die es ratsam erscheinen lassen, vorsichtig zu sein.

Der Unterschied zwischen beiden besteht darin, die Angst hat immer ein Ereignis aus der Zukunft als Ursache, bei der Vorsicht benutzen wir im Hier und Jetzt unseren Verstand.

Um wieder auf die Volkssouveränität zu kommen, wir müssen nicht nur die Wahl haben. Bei wichtigen Entscheidungen, wie zum Beispiel der Frage nach Krieg und Frieden, sind wir auch zu fragen und brauchen deshalb das Recht, eine Regierung sofort wieder abwählen zu können.

Nur weil wir keinerlei Recht haben, die Regierung für Fehlleistungen zur Verantwortung zu ziehen, nur deshalb können sie heute so mit uns machen, was immer sie wollen.

Da müssen wir gar nicht so sehr mit den Details anfangen, fürs Erste würde es genügen, uns zu fragen, ob wir denn mit irgendwem einen Krieg anfangen wollen oder nicht. Oder ob wir Waffen in ein Kriegsgebiet liefern sollen oder nicht. Oder ob wir noch in so einem Aggrohaufen wie der NATO sein wollen.

Sehen Sie und schon sind wir wieder beim Faschismus. Die Nazis haben sehr wohl mit Volksentscheiden gearbeitet. Sie haben auch die Bevölkerung in gewissen Teilen alimentiert.

Nun kann das Kindergeld heute aber sehr wohl weitergezahlt werden, obwohl es Hitler erfunden hat, nicht die Schweizer; hingegen Volksentscheide sind ein für alle Mal tabu!

In Deutschland ist man der Meinung, nur die gewählt Erwählten könnten Entscheidungen vernünftig fällen. Das Volk sei dazu zu dumm, weshalb die Wahlen, die ja tatsächlich Ausgangspunkt der Volkssouveränität sind, ausreichen.

Aber der Ausgangspunkt ist der Ausgangspunkt, nicht die Souveränität an sich. Nur wer tatsächlich entscheidet, ist in diesem Moment souverän.

Man fängt immer mit dem Anfang an und diesbezüglich wäre es die Frage, die ich favorisieren würde, die Frage über Krieg und Frieden.

Dabei weiß ich um jene furchtbare Rede eines deutschen Lumpen, der in einem Sportpalast die Frage gestellt hat: „Wollt ihr den totalen Krieg?" Die Antwort war eindeutig.

Aber es sind Jahrzehnte vergangen. Die demokratischen Jahre von Adenauer, Erhard, Kiesinger Brandt, Schmidt und Kohl haben doch einen Lernprozess ausgelöst. Es sind heute neue Generationen im Volk erwachsen und die sind alles andere als kriegerisch.

Da wir heute, 2023, immer noch mit leichtem Schritt auf einen Atomkrieg zusteuern, will ich hiermit die wichtigste staatsbürgerliche Feststellung treffen.

Jeder Staatsbürger der Bundesrepublik Deutschland hat die Pflicht und das Recht, dem Frieden der Welt zu dienen.
Die Regierung der Bundesrepublik Deutschland kann nur durch das Volk ermächtigt werden, andere Völker oder Staaten in kriegerischen Auseinandersetzungen beizustehen.

Da solches derzeit offensichtlich über das GG nicht erreicht werden kann, muss das GG durch eine Verfassung ersetzt werden, die den Volksentscheid auf Bundesebene bezüglich der Beurteilung der Arbeit der Regierung beinhaltet.

Das mit diesem Zusatz versehene Grundgesetz ist dann der Bevölkerung zur Abstimmung vorzulegen und wenn eine Mehrheit zustimmt, dann haben wir endlich eine Verfassung.

Nochmals ganz deutlich. Ich will nicht, dass irgendwer einen Volksentscheid zu was auch immer initiieren kann und was weiß ich für Hürden dabei zu überwinden hat.
Ich will, dass in unserer Verfassung steht, nach den ersten hundert Tagen und nach zwei Jahren entscheidet das Volk in einer Abstimmung darüber, ob sich die Regierung dem Grundgesetz unterwirft oder nicht.

5. Vorschlag
Überprüfen Sie Ihr Verhältnis von Arbeitszeit zu Freizeit. Überlegen Sie dabei, wieviel Zeit Sie für politische Tätigkeit aufwenden könnten.

Kommen Sie zu dem Ergebnis, dass keine Zeit dafür zur Verfügung steht, dann …

Sollten Sie jedoch Zeit haben, dann gründen Sie eine Bürgerinitiative, schließen Sie sich einer an, schreiben Sie einen Leserbrief oder halten Sie irgendwo eine Rede, wo dieses unser Anliegen thematisiert wird.

Es geht nur um diese eine Ergänzung.

Vorerst!

Beobachten Sie genau die Reaktionen.

Kapitel 5: Es gibt nichts Gutes, außer man tut es (Kästner)

In diesem Kapitel beschäftigen wir uns mit den Politikern und ihrer ganz speziellen Art, Handlungen auszuführen. Für unser Vorhaben übernehmen wir bestimmte Handlungsweisen, quasi lernen wir so von unseren Politikern. Wir erfahren von den Konsequenzen, die Handlungen immer haben, und wir arbeiten uns zu den Ursachen des heutigen Versagens der Politik vor.

Für die, die den Politikern lieber aus dem Weg gehen, wird das Thema Schule vorgestellt, welches mindestens genauso wichtig, aber nicht ganz so gefährlich ist wie der Volksentscheid.

Ich gebe zu, viel Positives hatte ich bis jetzt nicht zu sagen. Deshalb streu' ich gleich zu Anfang noch etwas Salz in diese Wunde.

Wenn deutsche Politiker etwas ändern sollen, was ihre vermeintlichen Rechte oder Gewohnheiten stört, dann werden sie nicht nur bockig, nein, da werden sie schnell bösartig.

Ein einfaches Beispiel. Vor Jahren schon hatte das Bundesverfassungsgericht eine Reform des Parlaments gefordert, damit dasselbige sich gefälligst verkleinere. Normalerweise müssten wir gerade mal 600 Abgeordnete im Bundestag haben.

Immer noch mehr als die Chinesen.

Geht aber absolut nicht, der Bundestag hat es versucht. Inzwischen haben wir über 700.

Hieran sehen Sie, wer wirklich souverän ist und welche Bedeutung das Bundesverfassungsgericht für unsere Politiker hat.

Auch müssen Sie aufpassen, wenn unsere Politiker behaupten, sie würden handeln, dann gilt immer: auf das Ergebnis schauen.

Dieser Bundestag und die Bundesregierung haben für die deutsche Bevölkerung vor einiger Zeit die Demokratie am Hindukusch verteidigt. Was Sie vielleicht wissen, 53 Soldaten sind für immer und ewig in Afghanistan geblieben.

53 Familien, denen nur ein paar Bilder geblieben sind, und Erinnerungen, die bis zum heutigen Tag den tiefen Schmerz nicht verloren haben.

Ich frage Sie, wofür sind diese Soldaten gestorben?

Dieses Hornberger Schießen in Afghanistan hat außerdem eine unbekannte Anzahl von Milliarden Euro gekostet. Selbst der Bundesrechnungshof tappt da im Dunkeln. Alle kursierenden Zahlen sind also Schätzungen, von denen wir nur annehmen dürfen, sie sind mit Sicherheit zu niedrig.

Was aber vielleicht neu für Sie ist, vor dem Afghanistaneinsatz kamen etwa 75 Prozent des europäischen Rauschgifts von dort, heute sind es deutlich über 90 Prozent.

Selbstverständlich können Sie nun bestimmte Fragen an die Regierung stellen. Ob und was Sie dann für eine Antwort bekommen, gleicht einer Reise ins Unbekannte.

In unserer Demokratie sind Hunderte, wenn nicht noch mehr Menschen damit beschäftigt, dem Bürger das Fragen zu verleiden. Eines ist sicher, fragen Sie zu viel und haben Sie damit auch noch Erfolg, dann geht die Politik nicht mehr sehr freundlich mit Ihnen um. Politiker haben ein feines Gespür dafür, wenn der Souverän einfach zu weit geht.

Manch einem platzt da der Kragen.

Uns aber nicht, wir glauben an uns und wollen friedliche Veränderungen.

Deshalb grüße ich nur kurz Herrn Struck, der das Hindukusch-Abenteuer maßgeblich zu verantworten hatte, und hoffe für ihn auf einen gesegneten Schlaf.

Wie also kriegen wir unsere Politiker dazu, einen solchen Volksentscheid zuzulassen?

Nun, werfen wir zuallererst einen Blick in die Geschichte.

Da begegnen wir z. B. einem Römer, der aus verschiedenen Gründen der Meinung war, innerhalb der römischen Antike genüge eine Weltmacht, nämlich Rom. Es gab aber damals noch eine andere Großmacht – Karthago. Da unser römischer Freund jedoch alleine die Legionen nicht benutzen durfte, schloss er seine Reden im Senat grundsätzlich mit der Bemerkung, ... und im Übrigen bin ich der Meinung, dass Karthago zerstört werden muss.

Er hat natürlich Latein gesprochen und für den genauen Wortlaut übernehme ich auch keine Verantwortung, doch hier ist ein erster Fingerzeig!

Nur so am Rande, es dauerte zwar einige Zeit, doch Karthago wurde vollständig zerstört und die Bevölkerung, wie üblich, massakriert bzw. die Übriggebliebenen in die Sklaverei verkauft. Heute können Sie noch die Ruinen besichtigen.

Da wir schon mal in der Geschichte sind, erinnern wir uns des hinkenden kleinen Ekels aus der Nazizeit, dass eine Vielzahl von Ufa-Schauspielerinnen besprungen haben soll, obwohl er doch Frau und Kinder hatte. Der soll mal gesagt haben, wenn man eine Lüge nur oft genug wiederholt, dann wird sie zur Wahrheit.

Eine gewisse Zeit war er damit sehr erfolgreich.

Ich gebe zu, kein hilfreiches Beispiel für unser Unterfangen, meine ich doch, wenn man etwas häufig wiederholt, bleibt es im Gedächtnis, und uns geht es dabei doch um Wahrheit.

Was lernen wir daraus als veränderungswillige Staatsbürger?
   Noch nichts?

Oder brauchen Sie vielleicht ein drittes Beispiel?

Eins hätte ich noch.
   Warum nennt man den Krieg in der Ukraine nicht Ukrainekrieg, sondern … russischer Angriffskrieg?

Ich will es kurz machen, es ist die jüngere Vergangenheit. Dieser eben beschriebene Nazidrecksack, der sich aus der Verantwortung gestohlen hat, wobei er seine gesamte Familie, einschließlich der Kinder, mitgenommen hat, der hat natürlich schon damals gewusst, was Branding ist.
   Es ist wahrscheinlich eine ewige Wahrheit, die, ob wir es wollen oder nicht, in uns nachwirkt.
   Was ständig wiederholt wird, brennt sich ins Bewusstsein.

Mit der Formulierung „russischer Angriffskrieg" soll in die Köpfe der Menschen eingebrannt werden:
- dieser Krieg hat keine Vorgeschichte,
- der Russe ist schuld,
- das Friedensgeschwurbel hat ein Ende,
- her mit der Wehrpflicht,
- für Deutschland ist wieder zu sterben, die Ukraine ist nur das Vorgeplänkel,
- Brandt, Schmidt und Bahr waren Weicheier.

Um solches fest in die Köpfe der Deutschen einzubrennen, hilft nur die ständige Wiederholung! Sonst kriegen die das Ganze nicht gebacken.

Unsere derzeitige Regierung hat nach wie vor eine Unmenge Befürworter, trotz all der Desasters, die sie sich geleistet haben. Soll heißen, es funktioniert, weil das Branding über die Medien so erfolgreich ist.

Wieder ein Fingerzeig für uns und unsere Lernbereitschaft.

Bald ist wieder Wahlkampf. Es ist eigentlich immer Wahlkampf.

Doch wenn wir bisher unseren „Volksvertretern" doch lieber aus dem Weg gegangen sind, sollten wir sie ab jetzt aufsuchen.

Ich habe schon angefangen, Briefe zu schreiben.

Aber das Gespräch werde ich auch suchen.

Nur, falls Sie auch solches im Sinn haben, bereiten Sie sich vor. Unsere Politiker sind der Bevölkerung gegenüber nicht nur verschlagen, sie werden bei dieser Verschlagenheit auch noch von Vollprofis unterstützt. Da meine ich keineswegs die Frisöre und Fotografen, nein, ich meine die, die da im Verborgenen agieren.

Die Wirkung eines Briefes z. B. an den Bundeskanzler hat etwa die Wirkung, als ob sich eine Fliege auf eine Eisenbahnschiene setzt.

Die Schiene biegt sich natürlich leicht durch, was aber nur schwer gemessen werden kann.

Wenn allerdings mehrere Briefe eintreffen, dann werden zumindest die Mitarbeiter, die die Briefe öffnen, stutzig.

Genauso ist es mit der Forderung nach einem Volksentscheid für eine neue Verfassung oder für Verfassungsänderungen. Es gilt, steter Tropfen höhlt den Politiker. Nur die Wiederholung brennt etwas ins Gehirn.

Die politisch Mächtigen werden natürlich alles in ihrer Macht Stehende tun, um zu verhindern, was zu verhindern ist. Vergessen Sie niemals, die haben die Macht und die Machtmittel. Seit Stuttgart gibt es auch keinerlei Hemmungen mehr, diese Machtmittel einzusetzen.

Ob Sie in der Öffentlichkeit aktiv werden, müssen Sie sich genau überlegen. Beobachten Sie die Szene. Meiden Sie die öffentlich-rechtlichen Staatsfernsehleute, die wollen Sie nur als Nazis, Dummköpfe, Querdenker oder Reichsbürger abstempeln. Sprechen Sie sich mit Ihrer Familie ab, denn im Extremfall kann Ihr Engagement Folgen haben.

In mancherlei Hinsicht sind wir bereits eine Bananenrepublik.
Jedenfalls brauchen wir einen langen Atem, müssen was aushalten können und dürfen nicht enttäuscht sein, wenn sich trotz des Engagements nichts in der politischen Landschaft ändert.

Es kann ein Leben oder ein halbes oder ewig dauern.

Der Brief, das Gespräch oder auch die rückwärtige Ansicht aus der Masse der Bevölkerung heraus, die Sie einem Politiker gönnen, haben natürlich einen echten Vorteil. Sie bleiben ein unbekannter, wenn auch aktiver Nobody, den die Volksvertreter keineswegs ernst nehmen.

Erinnern Sie sich noch an das Gespräch unseres Bundesolafs mit Bürgern, bei welchem ein Rentner fragte, ob seine Altersgruppe auch die 3000 Euro als Inflationsausgleich bekäme?
Da hat Olaf nur gelacht und hat die Gegenfrage gestellt, ob der olle Knilch denn wüsste, wie viele Rentner es gäbe, und aus war es.
Die Demokratie hatte gesiegt, der Alte bekam eine Rechenaufgabe verpasst, die aus Sicht der Politik ganz klar für sich selber sprach. Sie werden den Namen des Rentners niemals erfahren. Niemand nimmt dem die Frage übel, er kann nach Hause gehen und nachschlagen, wieviel Rentner es nun tatsächlich in Bundesdeutschland gibt.

2021 waren es 21,12 Millionen. Das mal 3000 ergibt in etwa 63,36 Milliarden.

In Grunde eine Summe, die so über den Daumen gepeilt das eineinhalbfache des Afghanistankrieges ergibt, wenn wir denn mal erfahren würden, was der gekostet hat.

Auf so was kommen Sie aber nicht, wenn Sie mal an einen Politiker eine Frage stellen dürfen.

Sie bleiben der interessierte Bürger, so wie die Politik ihn sich wünscht, in den nächsten 20 Sekunden schon vergessen. Der Bürger Niemand.

Im Staatsfernsehen bezeugt so etwas dann das Funktionieren unserer Demokratie, denn die politische Macht hat sich mit dem Herrn oder der Frau Niemand abgegeben.

Aber viele Niemande werden manchmal zu einem Jemand.

Politiker nennen den Kontakt mit dem Bürger, Bad in der Menge oder Bürgernähe.

Nur hat sich aber seit der Rautenprinzessin einiges in Deutschland verändert.

Der Wind weht rauer, der Ton ist häufig unversöhnlich, es geht ans Eingemachte.

Schließlich will die derzeitige Politik die Gesellschaft ändern, und zwar mit einer unglaublichen Radikalität. Das Grundgesetz stört dabei.

Das Haus soll abgerissen, nicht modernisiert werden. Das neue Haus soll zwar aus den alten Steinen entstehen, jedoch, um bei unserer Metapher zu bleiben, war es vorher ein großes Mehrfamilienhaus mit Garten, wird es nun ein Wohnsilo inmitten einer Betonwüste, zur Hälfte in die Erde eingelassen wie ein Bunker.

Das merkt natürlich der Bürger und nicht wenige ballen nicht nur das Gesicht zur Faust, wie man im Osten so schön sagt.

Wir aber bleiben höflich und konsequent.

Glauben Sie mir, schon wenn zwei Bürger die Bürgersprechstunde eines Abgeordneten aufsuchen und denselben Sachverhalt einklagen wollen, dann wird man aufmerksam. Ich glaube, bei fünf Bürgern gibt es Alarm.

Das Eingemachte übrigens ist die Frage nach Krieg und Frieden und ob wir in der Zukunft ein Agrarstaat werden wollen oder ob wir ein Industriestaat bleiben sollen. Es ist die Frage nach der Familie, ob die Biologie weiter eine gültige Wissenschaft bleibt und dass irgendwer einmal sagen muss, wie denn die ganzen Staatsschulden je bezahlt werden sollen.

Außerdem ist es die Frage, ob wir weiter dem Klimawahn folgen wollen oder ob wir stattdessen zusammentragen, was wir bisher überhaupt über das Klima wissen.

Noch gibt es in unserem Land viele kluge Köpfe, die nicht nur etwas gelernt haben, nein, die auch etwas können.

Aber wer sich jetzt ins Private zurückzieht, darf sich nicht wundern, wenn er morgen in einen Krieg ziehen oder auch das letzte bisschen Wohlstand für die Welt, das Klima, für Flüchtlinge oder einfach nur für den Staatshaushalt opfern muss.

Wo auch immer wir arbeiten oder leben, wir haben ein Recht und auch die Pflicht, zu sagen, was uns gegen den Strich geht. Wir müssen die unterstützen und auch wählen, die jene politischen Sachverhalte problematisieren, die wir als notwendig ansehen.

Damit werden wir weder zu Nazis noch zu Antidemokraten.

Der handelnde Bürger ist der Träger der freiheitlichen Demokratie.

Ein vollkommen ungefährliches Thema, dem Sie sich ohne Weiteres widmen können, ist übrigens die Schule.

Ziehen Sie jetzt die Augenbrauen hoch und staunen ungläubig?

Schauen Sie, irgendwo muss es doch einmal angefangen haben mit der ganzen Blödheit, die uns derzeit umgibt.

Glauben Sie mir, Ausgangspunkt dafür war und ist die heutige Schule.

Nein, da will ich keineswegs auf die neueste Pisa-Studie anspielen, die können Sie getrost vergessen.

Diese Studien waren von Anfang an nichts anderes als pädagogische Schaustellerei.

Als 1989 die DDR unterging, nahm sie natürlich ihr Schulsystem mit in den Untergang.
Teilweise geschah das zu Recht, denn die DDR war eine Art Parteischule, die auch Bildung vermittelte.
Aber die Schule der DDR hatte als Fundament nicht nur den Marxismus/Leninismus für sich reklamiert, auch Comenius und das Bildungsideal der Weimarer Republik gehörten dazu.
Deshalb unterschied sich die ostdeutsche Schule von der westdeutschen dadurch, dass der Osten Bildung und Erziehung als Einheit gesehen hat und dies zusammen mit den Eltern umsetzte.
In der Schule heute wird nur noch gebildet, glaubt man zumindest.
Aber die Schule der Bundesrepublik war auch einmal eine Bildungs- und Erziehungseinrichtung, vielleicht bis in die 60iger Jahre des 20. Jahrhunderts?

Was ist dann mit dem Bildungssystem in unserem Land geschehen?

Warum sind wir so geworden, ein Volk, das seine Schrift und seine Sprache verachtet, das seine Nationalstaatlichkeit geradezu hasst, das Naturwissenschaften für entbehrlich hält und in dem jede Hausfrau zumindest theoretisch besser unterrichten kann als der ausgebildete Lehrer. Sport wird in dieser Schule nur noch als Witz betrieben, ein immer größerer Teil der Schüler kann nicht richtig schreiben, nicht richtig lesen und schon gar nicht groß rechnen, wenn der Zahlenraum von 1 bis 10 verlassen wird. Ergänzt wird das Ganze dann durch eine immer größere Zahl von Kindern mit Migrationshintergrund, die weder das eine noch das andere auf Deutsch können.

Aber wir bekämpfen erfolgreich die Kinderarmut, rüsten nebenbei die Bundeswehr mit 100 Milliarden auf und haben so laut Pisa ein ganz annehmbares Niveau erreicht, zumindest was die vorletzte Studie betraf.

Die kurze Antwort.

Achtung, Polemik! Doch ich kann nicht anders.

Die Diskreditierung und Zerstörung der „Paukerschule" hat den Lehrer zum Pauker degradiert.

Die Kinder wurden zu lieblichen Goldstücken, denen Unverschämtheit, Bosheit oder auch nur Hinterlist fremd waren.

Auswendiglernen wurde verpönt und durch Fortschritt, was auch immer das sein soll, ersetzt.

Die öffentliche Erziehung wurde durch viele Elternhäuser privatisiert und damit weitgehend entsorgt.

Individualität ist alles, die Gemeinschaft Diktatur.

Alles musste Spaß machen, ohne große Anstrengung funktionieren, denn alles durfte die Schule sein, nur nicht langweilig.

Es gab nur noch Kinder der Gleichwertigkeit, keine faulen, keine bösartigen, keine, die mit Stühlen warfen, die Lehrer mit ihrer Unverschämtheit zur Weißglut brachten, keine, die Reifen von Autos zerstachen, und auch keine, die Mitschüler dafür bezahlten, dass diese andere verprügelten, und die ganze Szene dann per Handy ins Netz stellten.

Das heißt, die gab es schon. Nur haben wir auch eine sehr hohe Dichte von Rechtsanwälten in Deutschland und relativ reiche Eltern und einen geradezu selbstmörderischen Rechts-staat.

Das sorgt dann dafür, dass alles schön unter der Decke bleibt.

Bloß kein kleines Goldstück stigmatisieren.
Wie in der Erwachsenenwelt müssen auch in der Schule die jeweiligen Opfer ihr Schicksal ertragen, denn die Schulämter wie die Lehrerkollegien wollen in keine Rechtsstreitigkeiten mit den Tätern verwickelt werden.

Die Schule war und ist ein Gewaltverhältnis, gerade in einer Wohlstandsgesellschaft. Nur weil man nicht mehr unterscheiden kann zwischen verbaler und nonverbaler Gewalt, setzt man auf die sogenannte Konsequenz der Folgehandlungen, über die kaum noch jemand verfügt.

Es muss ja alles schnell gehen, denn Zeit ist ein kostbares Gut.

Eine gewaltfreie Erziehung ist ungefähr so lächerlich wie ein gewaltfreier Staat.

Man hat eine Art Beweislastumkehr eingeführt, wo der Lehrer die ungenügende Leistung eines Schülers zu begründen hat, genauso wie der Lehrer seine Zeit zur Verfügung zu stellen hat, wenn es um Aufarbeitung von Fehlleistungen der Schüler geht.

Ist ja eh bloß ein Halbtagsjob mit Beamtenstatus und A13. Von den vielen Ferien mal ganz abgesehen.

Man wundert sich in Deutschland doch tatsächlich, warum es so wenig Lehrer gibt?
Sind die Bildungsministerien der 16 Bundesländer etwa nicht mit Koryphäen besetzt?
Fragen über Fragen.

Den Rest besorgten dann die technischen Neuerungen, die auch die Gesellschaft tiefgreifend veränderten.

Zuerst einmal hat die Schule gegenüber den neuen Medien verloren. Fernsehen, Handy oder iPad sind interessanter als eine Schulstunde.

So was nervt natürlich die Lehrer und die versuchen mit Strenge, Lautstärke und ständigem Nörgeln die Schüler wieder für sich zu gewinnen. Dann tauchen plötzlich außerhalb der Schulen Coaches auf, die behaupten, Lernen sei leicht und interessant, wenn man sich nur ein wenig anstrengt. Gemeint waren diesbezüglich die Lehrer, die verbeamteten Lehrer, deren Anstrengungen angeblich schon immer fragwürdig waren. Derartige Gedanken werden von schwer arbeitenden Eltern aufgegriffen und bei Elternsprechstunden oder schulischen Elternabenden den Lehrern vorgehalten.

Jetzt sind die Lehrer beleidigt und fahren ihre Arbeitsleistung tatsächlich auf ein absolutes Minimum zurück, da man ihnen dieses ja sowieso unterstellt. Die Eltern erkennen somit, sie hatten schon immer Recht, und mischen sich nun vehement in den pädagogischen Prozess ein. Lehrer, die keine Kinder haben, werden sofort aus der pädagogischen Diskussion ausgeschlossen, da die überhaupt keine Ahnung haben können. Die Diskussion zwischen Eltern und Lehren wird nun etwas persönlich und damit gewinnen die Eltern. Der Klügere muss ja nachgeben.

Da auch Eltern sich nicht ewig streiten wollen, geht man sich aus dem Weg und sucht nach anderen Möglichkeiten, es einander heimzuzahlen.

Nicht wenige schreiben pädagogische Bücher und das frustriert die nichtschreibenden Lehrer und Eltern erst richtig. Natürlich wissen die anderen alles besser.

Allgemeine Frustration macht sich breit, die Schule nervt.

Die gesellschaftliche Achtung des Lehrers nähert sich der eines Versicherungsvertreters.

Die Medien mahnen und zeigen in Fernsehfilmen, wie einfach Pädagogik doch ist, wenn man sich nur ein wenig bemüht.

Irgendwann entdeckt die Politik nun das Schulthema, vermeidet aber sofort eine tiefgründige Einmischung, weil jede Partei ihre Landes- und Bundesbildungsminister kennt und unter keinen Umständen schlafende Hunde wecken will, denn der Posten eines Bildungsministers ist für Politiker ideal, die in einem anderen Ministerium keinen Platz finden, die jedoch keinesfalls verärgert werden dürfen.

Versuchen Sie zu Hause doch mal die Namen von 3 Bildungspolitikern zu nennen.

Und? Sehen Sie.

In dieser Schule spielt die Nation, Patriotismus und Vaterlandsliebe absolut keine Rolle, weil unsere Geschichte ja sowieso nur eine Anhäufung von Verbrechen ist.

Den Schulen wird dann noch eine Integrationsleistung abverlangt, die sie in dem derzeitigen Zustand einfach nicht erfüllen kann.

Was sollen wir also tun? Ich schlage Folgendes vor:
1. Wir schaffen für alle 16 Bundesländer einen einheitlichen Lehrplan, der verbindlich ist. Vorbild dafür ist die Art des Lehrplans der ehemaligen DDR.
Dieser Lehrplan ist dann verbindlich in allen 16 Bundesländern umzusetzen, und zwar zeitgleich in der festgelegten Reihenfolge der Themen.
Damit wissen dann alle Schulkinder zu einer bestimmten Zeit in etwa das Gleiche.
Wissen wird erst so vergleichbar.
Das wäre dann der berühmte Anfang!
Bildungspolitiker, die dem nicht zustimmen, müssen von da an Kinder in Schulen ihrer Nähe unterrichten. Zuerst 5 Stunden als Vertretungslehrer, wenn das nicht ausreicht, dann müssen die Damen und Herren die Funktion eines Klassenleiters übernehmen, mindestens für ein Schuljahr.

2. Jeder, der behauptet, Wissens- und Könnensvermittlung in der Schule ginge leicht und flockig, muss das in einer normalen Schulklasse beweisen. Kann er das nicht, muss er oder sie nach einer bestimmten Zeit im Fernsehen auftreten und bekennen, dass er oder sie versagt hat und sich deshalb schämt.

Jetzt wieder ernsthaft!

Lehrer müssen wieder die Möglichkeit erhalten, neben ihrem Bildungsauftrag auch nachhaltig auf das Verhalten ihrer Schüler einzuwirken.

Um es ganz klar zu sagen, Lehrer müssen die Pflicht haben, Fehlverhalten der Schüler zu korrigieren, und zwar so pädagogisch effizient wie möglich.

Ein Blick in andere Schulsysteme wäre diesbezüglich hilfreich.

Außerdem sollen alle jene, die behaupten, die Integration der Abertausenden Migrantenkinder sei gelungen, nun die sollen einmal zeigen, wie das letztendlich aussieht.

Tja, und wenn Sie nun glauben, das war's, dann irren Sie.

Die Menschen, die Familien haben sich doch auch verändert.

Was halten Sie eigentlich von der Schule in ihrer Nähe? Kennen Sie die überhaupt.

Durch den Fernsehkonsum sind wir permanente Veränderung der Bilder vor uns gewohnt. Die Lesekultur stirbt ab, weil es nun mal eine oder zwei Minuten dauert, bis sie eine Seite in einem Buch gelesen haben. Und dann noch das Umblättern. Langweilig!!!

Das Fernsehen zeigt uns vertraute Situationen aus der Schule, die doch ganz anders sind. Am besten erklärt man das mit einer Arztserie. Nehmen Sie eine x-beliebige zur Hand und vergleichen Sie die dortigen Handlungen mit ihrem letzten Klinikaufenthalt.

Krass, nicht wahr? Es sieht alles so leicht aus, die Menschen so passend, irgendwie realitätsnah und doch so realitätsfern.

Den Wussow hat man tatsächlich für einen richtigen Arzt gehalten.
Elias M Barek ist der Lehrer schlechthin.

Niemand untersucht, was derartige Serien mit dem Menschen machen, vom Wahrheitsgehalt einmal ganz abgesehen.

So entstehen dann pädagogische Luftschlösser.
Nun zu Ihnen und Ihrer Erziehung. Möchten Sie 20 oder 25 Kinder, von Ihnen erzogen, immer um sich haben, sagen wir mal so 45 oder 90 Minuten?
Haben Sie schon mal Urlaub gemacht und während dieser Zeit Ihrem Kind erlaubt, in Ihrem Haus Party mit Freunden zu machen?
Wie teuer war das?

Nun aber wieder ernsthaft.

Was lehren Sie eigentlich Ihr Kind und was erwarten Sie von der Schule?
Schreiben Sie das mal in einer Tabelle nebeneinander und ich wette, die Spalte von der Schule ist länger.
Wie lange haben Sie gebraucht, um Ihrem Kind Grundelemente von Ordnung beizubringen?
Bevor Sie antworten, werfen Sie einen Blick in das Zimmer Ihres Kindes.
Kann Ihr Kind sich bei Tisch benehmen und ist es zu Erwachsenen höflich und zurückhaltend?
Kann Ihr Kind mit anderen Kindern friedlichen Umgang pflegen und sind Rudimente von Hilfsbereitschaft ausgeprägt?
Verlässt Ihr Kind Ihre Wohnung sauber, wäscht es sich die Hände zumindest ab und zu, verfügt es über ein Taschentuch – und sei es ein Tempo?

Kennt Ihr Kind die Vokabeln Danke und Bitte auch gegenüber Fremden?

Natürlich geht es auch einfacher. Schreiben Sie doch nur so zum Spaß alle Rechte auf, die Sie für Ihr Kind in der Schule reklamieren. Und nun stellen Sie einmal die Pflichten, die Ihr Kind oder Sie selber haben, dem gegenüber.

Gelle!

Was erkennen wir?

Nicht in der Ausprägung weiterer Rechte liegt die Zukunft unserer Kinder und unserer Schulen, sondern in der Übernahme von Pflichten, die die Rechte mit sich bringen. Eine Gemeinschaft lebt von der Zurückhaltung des Einzelnen. Man muss deshalb seine Individualität nicht aufgeben, aber sie ist nicht ganz so wichtig. Altruismus würde helfen, aber wer weiß heute noch, was dieses Wort bedeutet?

Die Werteordnung unseres Grundgesetzes muss dabei die Richtschnur sein.

Wer kennt eigentlich diese Werte?

Natürlich haben Sie bemerkt, die obigen Fragen muss sich eigentlich jeder stellen.

Leben Sie die Antworten in etwa so wie Ihre Kinder, dann haben Sie den Kern der Schulprobleme erkannt.

Was also sollen Sie tun? Die Antwort liegt bei Ihnen. Um mit Kästner zu reden: „Es gibt nichts Gutes, außer man tut es."

Ein weiteres Problem muss man allerdings noch anfügen, das nicht auf dem Tisch der Eltern und Schüler liegt.

Das sind die Lehrer und ihre Ausbildung.

Frage an Radio Jerewan: Kann ein Hund Lehrer werden? Antwort: Im Prinzip ja, aber es muss ein recht dummer Hund sein.

Man muss sich natürlich vor Pauschalisierungen hüten, aber wenn ich mir den Zustand der Thüringer Schulen betrachte, dann fällt mir sofort das Wort „beschissen" ein.

Eine echte Pauschalisierung, richtig, doch manchmal muss es aus einem heraus.

Der Zustand der Schulen steht in direktem Zusammenhang mit den Hochschulen, die Lehrer ausbilden, und natürlich den jeweiligen Kultusministerien. Doch die politische Seite der Schule soll erst mal außen vor bleiben, der müsste man ein eigenes Buch widmen.

In Thüringen sind die Uni in Erfurt und die in Jena für die Lehrerausbildung zuständig.
    Nun ja, versuchen wir es erst einmal allgemein.

Also, wenn einer oder eine Lehrer werden will, dann muss er oder sie zuerst die Fachwissenschaften studieren. Deutsch, Mathematik, Physik, Kunst usw.

Ein Lehrer hat seine Fachwissenschaften zu beherrschen!

Kann er das nicht, dann muss er entlassen werden. Das gilt für die Universität genauso wie für die allgemeinbildenden Schulen.

Als Nächstes kommt dann Pädagogik und Psychologie, war zumindest in der DDR so, und dann gibt es da noch die Methodik des Lehrens und die Didaktik. Und spätestens da, bei diesen Sachverhalten beginnen die richtigen Probleme. Seit den 68ern sind die Probleme der Fachwissenschaften sowie die der Pädagogik und Psychologie stark angewachsen, weil Studieren wirkliche Schwerarbeit ist, was für linksgrüne Studenten ein Ding der

Unmöglichkeit darstellt, hat man doch dann keine Zeit mehr, um irgendeinen Dozenten oder Professor öffentlich niederzumachen und sich außerdem den vielen sexuellen Neuheiten zu stellen, die der Fortschritt so mit sich bringt.

Wie sagten doch die 68er Querbeetvögler so schön griffig: „Unter den Talaren-Muff von 1000 Jahren". Damit war der Angriff auf die Universität und die Schule eingeläutet.
Die Folge davon war die Absenkung der Leistungsniveaus, was eine elementare Ursache für die heutige Verblödung darstellt.
Natürlich entstand so auch das ewige Studieren, welches selbst nach 10 oder 20 Semestern keinen Abschluss herbeiführen konnte.
Ohne die DDR aufwerten zu wollen, aber da hatte man 8 Semester Zeit für das Diplom, ansonsten suchte man sich eine andere Beschäftigung.

Ein Studium ist für den Einzelnen nicht kostenlos und auch nicht für die Gesellschaft.

Inzwischen ist die Schule, ich deutete es bereits an, ein Ort, wo bald studierte Lehrer in der Minderheit sind, denn sie werden von Überfliegern, Schaustellern, Großkotzen, Freigeistern, Demagogen und Politikern, die im Zweitberuf auch Eltern sein können, an den Rand gedrängt.

Der neue Wahlspruch dieser pädagogischen Revoluzzer lautet: „Ich muss keine Eier legen können, um zu merken, wenn eines faul ist".

Ich hoffe, Sie wissen, auch Universitäten sind Schulen.

Wie ein schleichendes Gift hat die Kritik derer, die meinen, sie verkörperten den Fortschritt, die Schulen vergiftet und letztlich zu jenen Ruinen gemacht, die sie heute sind. Denn niemand war von da an in der Lage, berechtigte Kritik von unberechtigter zu unterscheiden.

Heutzutage können wirkliche Fachleute nicht mehr von tatsächlichen Spinnern unterschieden werden, weil das Kriterium der Wahrheit, der Unterricht mit Schülern oder Studenten, nichts, aber auch gar nichts mehr zählt. Außerdem fehlt zu allem ja die Zeit.

Der schöne Schein ist alles. Wortgeklingel, das den Verstand betört, Selbstbewusstsein, das von Rotzigkeit nicht unterschieden werden kann, und natürlich neu, neuer, am neuesten muss alles sein.

Das Können eines Lehrers im frontalen Unterricht gilt als bedeutungslos, hirnlos und hoffnungslos veraltet, auch sein Wissen, sein Einfühlungsvermögen, seine Fähigkeit, den einzelnen Menschen in seiner Individualität zu erkennen und zu beeinflussen, zählt nichts mehr.

Nicht wenige sind heute dazu auch gar nicht mehr fähig.

Nur die erreichte oder vernetzt erreichte öffentliche Aufmerksamkeit bestimmt die pädagogische Wissenschaft.

Am besten Planspiele, Projektwochen, Gruppenarbeit oder irgendwelche andere neuen Methoden entwickeln. Nicht etwa ausführen, solches ginge dann doch zu weit.

Alles Methoden, wo man in der Öffentlichkeit auf sich aufmerksam macht. Kontrolle dessen, was gelernt wurde, oder Fehlerkorrektur gehören der Vergangenheit an.

Vormachen war gestern, heute reicht der schöne Schein der Theorie.

Der Gewinner nimmt alles, so sagen doch so treffend unsere angelsächsischen Freunde.

Wer hat noch den Mut, als Lehrer oder Professor in der Pädagogik all jenes vorzumachen, was er von der Kanzel täglich verkündet?

Nicht das alltägliche Geschwafel, wo der selbstverliehene Heiligenschein einem ständig die Sicht vernebelt, nicht die großartigen Reden auf Kongressen, die die Unvergleichlichkeit der Vortragenden lebendig bezeugen, nicht die kotzigen Sendungen des Fernsehens, wo der Moderator den gescheitesten Menschen mimt, der da teilnimmt, ist das ausschlaggebende Element, es ist schlicht die ausgeführte pädagogische Tat.

Kennen Sie eigentlich den klügsten Menschen der Welt?

Es ist Günter Jauch.

Was glauben Sie, ist der wichtigste Raum in der Schule?

Ich sage es Ihnen, es ist der, der noch gar nicht vorhanden ist.

Das sollte eine Provokation werden.

Nun im Ernst, in jeder Schule müsste es einen Klassenraum geben, der anstelle eines Vorbereitungsraumes einen Zuschauerraum hat. Stellen Sie sich einen einfachen Klassenraum vor, der an der rückwärtigen Wand, die der Tafel gegenüber sich befindet, verspiegelt ist. Und hinter diesen Spiegeln kann dann sitzen, wer es besser kann oder wer sich interessiert.
Ich meine damit, der es besser kann, muss dann nur die Rolle mit dem Lehrer tauschen, also die Stellung wechseln.

Ja, und genau davor fürchtet sich die pädagogische und private Elite am allermeisten. Einmal das mit einer lebendigen Schulklasse vormachen, was man predigt.
Die Entzauberung erfolgt immer auf der Stelle und deshalb erzeugt ein solcher Raum heillose Angst.

Der Kaiser ist dann nackt.

In jeder Demokratie, die diesen Namen verdient, muss die staatliche Schule, muss deren Pädagogik aber für alle öffentlich und nachvollziehbar sein.

Stattdessen erfindet man Computertafeln, wo irgendwelche Leute sich dumm und dämlich damit verdienen können, indem sie die Möglichkeiten dieser Tafeln aufzeigen.

Die Computertechnik überlagert jegliche menschliche Komponente des Schulunterrichts.

Außerdem ermöglicht sie den Unterricht in mehreren Schulklassen, die sich auch weit entfernt voneinander befinden können. Es genügt dann ein Lehrer, vielleicht noch Arbeitslose als Aufsichtspersonen, und jeder Kultusminister lacht sich ins Fäustchen.

Man muss allerdings fair bleiben, Universitäten haben anderes zu tun. Bei meinem letzten berufsbegleitenden Studium an einer Thüringer Universität jedenfalls bestand die Hauptaufgabe des Didaktikzentrums darin, die Lebensgefährtin des abtretenden Professors in eben diese Stelle zu manövrieren.

Da ist man dann schon beschäftigt. Man muss Netzwerke aufbauen, indem man andere Schausteller protegiert, die dann Unterstützung zurück geben. Und man muss in viele dunkle Löcher kriechen.

Auf der Strecke bleibt dann die Pädagogik der Schule.

Ich fasse zusammen. Wer hat versagt?

Alle, die Universitäten, die Politik, die Lehrer und auch die Eltern.

Das heißt, die Schüler sind die einzigen, die nicht versagt haben, sie haben das Versagen der anderen nur für sich ausgenutzt.

Es wird schwer genug werden, dieser doch so lernmäßig verkorksten Generation wieder beizubringen, dass Lernen die wichtigste Aufgabe eines Schülers in der Schule ist.

Gelernt wird nicht für die Schule, sondern für das Leben. Das wussten schon die Alten.

Und das Lernen ist Mühsal, Anstrengung, stetige Wiederholung und es ist die Anerkennung der eigenen Unzulänglichkeiten und auch der eigenen Grenzen.

Letztlich entsteht so durch die Handlungs- und Verhaltensweisen des einzelnen Schülers jene gerechte Ungleichheit, die eine Gesellschaft voranbringt.

Nur muss man lernen, dies einzusehen.

Irgendwann wird unsere Schule wieder glaubhaft zu vermitteln haben, dass jegliches Tun oder Nichttun immer Konsequenzen nach sich zieht.

Wie kommen wir wieder zurück zu einer vernünftigen Schule?

Indem jeder Beteiligte am pädagogischen Prozess sich auf seine Aufgaben konzentriert. Jeder muss dabei beachten, das Mögliche vom Unmöglichen zu unterscheiden. Das Kriterium der Wahrheit ist die vorgemachte und vorgelebte Tat.

Das braucht nicht nur Zeit, es braucht viel Zeit, die sich jeder gefälligst zu nehmen hat.

Wie sieht es international aus?

Vergessen Sie die Pisastudie, ich sagte das bereits.

Ist es nicht komisch, dass in der breiten Öffentlichkeit Deutschlands nahezu nichts bekannt ist, wie die „Anderen" ihre Schulen organisieren?

Nicht die Leistungen müssen zuerst verglichen werden, sondern die Funktionsweisen von Schulsystemen.

Fangen wir doch an, zum Beispiel das finnische Schulsystem und das kanadische Schulsystem mal mit dem chinesischen Schulsystem zu vergleichen, und schlussfolgern dann, wie könnte das deutsche Schulsystem davon profitieren?

Eine der wichtigsten Aufgaben der pädagogischen Forschung wäre es somit, herauszufinden, welches Schulsystem welche Vorteile bietet und wo die Nachteile sind.

Die Welt ist ein Dorf geworden und jedes Land hat neben Eigentümlichkeiten auch Sachen, die die Menschen dort besonderes gut können. Dies zu erkennen, sich nutzbar zu machen, darin liegt Zukunft.

Vorschlag 6 und 7:

Die harte Variante.

Besuchen Sie eine Sprechstunde Ihres Landtags- oder Bundestagsabgeordneten und verlangen (nicht bitten) Sie einen Sachverhalt, den er gefälligst umsetzen soll.

Ich schlage den Einsatz für den Frieden vor.

Sollte allerdings Ihr Abgeordneter Ihnen dann mitteilen, er halte Sie für aus der Zeit gefallen, nun, dann sollten Sie denselben wissen lassen, Ihre Stimme bekommt er bei der nächsten Wahl nicht mehr. Eine derartige Konfrontation muss konsequent und doch höflich erfolgen.

Die milde Variante.

Besuchen Sie die Schule Ihrer Kinder und fragen Sie an, ob Sie einmal in einer Schulstunde hospitieren dürfen. Beobachten Sie die darauf erfolgenden Reaktionen.

Kapitel 6: Die Crux mit der Meinungsfreiheit

In diesem und in den folgenden Kapiteln beschäftigen wir uns vertiefend mit einigen wichtigen Grundrechten. Wir erfahren, Demokratie ist kein punktueller Zustand, sondern ein permanenter Prozess, an dem der Bürger teilzunehmen hat.

Karl Marx und seine Schlauheit werden gewürdigt. Das Parteiensystem wird dargestellt und es wird versucht, zu zeigen, was das „Geheimnis" der AfD ist.

Wir werden uns mit den derzeitigen Demonstrationen auseinandersetzen und ich versuche, zwei Deutsche zu würdigen, die uns allen gemeinsam zu Vorbildern geworden sind.

Am Artikel 5 GG wird gezeigt, warum man um die Meinungsfreiheit kämpfen muss, wie manches in der DDR war und warum wir uns heute vorsehen müssen, wenn unsere Politiker herumplärren, sie wollten uns schützen.

Dabei komme ich wieder auf das Reich Nummer 3 zu sprechen und auf meine Großmutter.

Außerdem richte ich einige grässliche Fragen an meine Mitbürger.

Der Artikel 5 GG mit seinen drei Absätzen ist zweifellos einer der wichtigsten im Grundgesetz, enthält er doch das bedeutendste Grundrecht der freiheitlichen Demokratie. Gleichzeitig ist in der heutigen Zeit dieser Artikel aber auch Beleg dafür, dass die Mitglieder des Parlamentarischen Rates sich nicht mal ansatzweise vorstellen konnten, wie man dieses Grundrecht verbiegen, ja, geradezu aushebeln kann.

Mit einfachen Mitteln und ganz legal.

Karl Marx hat es vorgemacht.

Um sich von den anderen Nationalökonomen zu unterscheiden, hat er seine Lehren einfach mit dem Hinweis versehen, sie seien wissenschaftlich.

Da konnten die anderen Nationalökonomen durchaus dumm fragen, und was sind dann wir und unsere Lehren? Gastwirte?

Nein, Karl Marx ging es um das gegensätzliche Wort zu wissenschaftlich, nämlich unwissenschaftlich.

Selbstverständlich hat Marx das nie laut gesagt. Er hat dann nur noch nachgeschoben, die von ihm entdeckten Gesetze der Ökonomie würden auch außerhalb und unabhängig vom menschlichen Bewusstsein existieren und schon stand es zwei zu null.

Das hat Jahrzehnte funktioniert und da dieser Trick noch heute angewendet wird, wenn auch etwas verändert, so darf der wohl als genial bezeichnet werden.

Heute gilt der Slogan „Gemeinsam gegen Rechts", ohne dass auch nur halbwegs erklärt werden muss, was denn Rechts überhaupt bedeutet.

Die CDU jedenfalls sprang daraufhin wie von der Tarantella gestochen nach links, die FDP saß rechts auf der CDU-Schulter. Beim Landen glaubte man zuerst, man sei auf die SPD oder die Linke gesprungen, was sich allerdings als falsch herausstellte.

Es waren die Grünen, die man traf, und im ersten Moment fand das der gewöhnliche Christdemokrat gar nicht nett. Aber schnell arrangierte man sich, denn man hatte im Sprung den angeblichen Ruf des Wählerauftrages vernommen. Nun treibt das rot-grüne Bündnis die CDU vor sich her wie einen altersschwachen Esel. Einige Zeit funktionierte das. Man hoffte noch auf die Vergänglichkeit politischen Tuns sowie auf die Vergesslichkeit des Urnenpöbels und glaubte so, die AfD auf der rechten Seite zu verdrängen.

Bis zum heutigen Tag hat die CDU nicht begriffen, dass sie keine konservative Partei mehr ist, sondern sich dort befindet, wo die SPD einst war. Nämlich Mitte-Links.

Was viele Staatsbürger auch vergessen haben, nicht nur in der Farbenlehre ergibt Rot und Grün Braun.

Die Gründe, warum die Menschen plötzlich eine vollkommen neue Partei sympathisch fanden, interessierten die Altparteien überhaupt nicht. Sie hatten ja die Wahrheit gepachtet und als unsere Außenministerin den Wählern in Deutschland mitteilte, dass ihre Ansichten für sie bedeutungslos seien, da haben die Altparteien ob dieser Wahrheitsliebe zwar gestaunt, dann aber fanden sie das gar nicht schlecht, mussten sie sich doch nicht gar so neu orientieren.

Tja, und als man sah, aus der erhöhten Perspektive von Berlin, dies alles erledigt sich nicht von alleine, da griff man zum bewährtesten Mittel, das die grün-roten Kollektive zur Verfügung hatten, zur Verbreitung von Angst. Frau Merkel und der CDU war das angenehm und so wurden Anstand und Moral am Tresen der Macht abgegeben und die Keilerei begann.

Es ist doch was Wunderbares, mal so richtig die undemokratische Sau herauszulassen.

Das Landpummelchen aus der Uckermark hatte die AfD ja sowieso zum Abschuss freigegeben und so trat man halt zu.

Selten hat in Deutschland der staatlich verordnete Hass so regiert wie gerade jetzt im Jahre 2023.

Von wegen, eine Zensur findet nicht statt.

Man hatte sich zusammengerottet wie eine Bande Schulhofschläger, um eine einzige Partei wirklich platt zu machen. Vorneweg die Regierung, die Altparteien, natürlich die Medien, die Hochschulen und Universitäten und auch nicht wenige Künstler. Wahrscheinlich hoffte und hofft man bis heute darauf, dass die Bevölkerung ein solches Verhalten akzeptiert.

Doch weite Teile der Bevölkerung wenden sich einfach ab und dieser neuen Partei zu und es stört offensichtlich niemanden, wenn deshalb diese Menschen beschimpft, verhöhnt oder auch bedroht werden.

Kann oder muss man von den Regierungsparteien verlangen, dass sie Artikel 5 GG kennen? Oder gar den Artikel 18 GG, der die Grenzen der Meinungsfreiheit definiert.

Also, wenn die politischen Entscheidungsträger je Artikel 18 GG gelesen haben, so scheinen sie zu glauben, der gelte nicht für sie.

Doch nichts funktioniert in der Politik ewig.

Jedenfalls scheinen inzwischen einzelne Parteimitglieder der CDU und der FDP doch zu erahnen, wenn alle links sind, ist konservativ ein Schimpfwort.

Der Osten hat ein ganz feines Gespür dafür, wie eine Diktatur daherkommt.
40 Jahre Sozialismus haben mehrere Generationen geprägt und ein großer Teil davon lebt noch. Das ist ohne Zweifel ein Glück für Deutschland.
Deshalb setzt man im Osten auf die AfD.
Es wird lange dauern, bis in Deutschland wieder einmal mit fairen Mitteln über kontroverse Themen gestritten werden kann, ohne Furcht vor irgendwelchen Repressionen.

Das Grundgesetz jedenfalls lässt den offenen Meinungsstreit ohne Weiteres zu, ob die verschiedenen Gruppen sich dem allerdings unterwerfen, darf bezweifelt werden.
Wie sagte doch Heine so treffend: „... denk ich an Deutschland in der Nacht ...“

Der Anfang zur Diktatur ist gemacht.
Die Medien sind weitgehend gleichgeschaltet, die Regierung glaubt sich im Alleinbesitz der Wahrheit, Selbstkritik oder Unrechtsbewusstsein ist nirgends zu erkennen.

Die Ideologie, die für die zukünftige Diktatur das Fundament bildet, ist die Angst vor den Klimaveränderungen.
Eingeübt wurden erste Maßnahmen zur Aushebelung der Grundrechte in der sogenannten Corona-Pandemie, die richtiger Corona-Plandemie heißen muss.

Hier wie da geht man im Gleichschritt vor.

Da wird bewusst gelogen, gefälscht und vertuscht, was nicht in den offiziellen Rahmen passt. Ob das nun Wissenschaftler sind, deren Forschungen unerwünschte Ergebnisse zeigen, oder ob das Autoren sind, die offen zugeben, unter welchen Umständen heute nur noch in den wichtigen Medien veröffentlicht werden darf, alle, die derartige Erfahrungen öffentlich machen, haben keine Ahnung, nur die Regierung weiß Bescheid. Dabei gehen die Mächtigen unseres Landes mit dem Grundgesetz um, als sei das ein Stück Butterbrotpapier. Gleichzeitig erheben sie lautes Geschrei, die Demokratie sei in Gefahr durch jene, die nur eine andere Meinung vertreten.

Nahezu die gesamte Führungsriege der Grünen hat mehrmals öffentlich gezeigt, dass sie von nichts, aber auch von gar nichts Ahnung haben. Aber das Land bleibt still.

Da kann eine Frau Baerbock himmelschreienden Unsinn erzählen, da kann Frau Göring-Eckhard
   als Beleg für die Austrocknung unseres Landes ein Bild aus einem Panzerübungsgelände der Bundeswehr anführen, oder der Wirtschaftsminister stümpert in aller Öffentlichkeit vor sich hin, warum es denn keine Insolvenzen geben muss.

Kein Aufbegehren, keine Einsicht, kein Umkehren.

Man möchte geradezu die Altparteien anschreien, ob sie denn genauso blöde sind und nicht irgendwann mal anfangen wollen, unser Land wieder auf Kurs zu bringen.
   Doch nichts, nada, nur Stille.

Um ein weiteres Mal zu belegen, warum der Souverän, also wir, das Recht zur Abwahl der Regierung über einen Volksentscheid benötigt, vergleichen wir doch mal das Grundgesetz mit der DDR-Verfassung.

Ich beginne mit der DDR-Verfassung. In der Verfassung der DDR vom 6.4.1968 kann man da in Art. 27 nachlesen: „Jeder Bürger der Deutschen Demokratischen Republik hat das Recht, den Grundsätzen dieser Verfassung gemäß seine Meinung frei und öffentlich zu äußern."

Jetzt lachen Sie nicht, das wurde in der DDR tatsächlich umgesetzt, wenngleich es nicht gerade edel war, es war unedel. Schlau wie Sie, meine lieben Leser, sind, haben Sie natürlich sofort erkannt, die Crux liegt in dem Ausdruck „den Grundsätzen dieser Verfassung gemäß".

Es konnte in der DDR nur sozialistische Meinungen geben, denn die Verfassung war sozialistisch. Und was sozialistisch war, haben die Sozialisten und Kommunisten festgelegt.

Also, um es klar zu sagen, Meinungsfreiheit gab es nicht. Die gesamte Ideologie der DDR und des Ostblocks stand dagegen.

Was aber noch gesagt werden muss, ist Folgendes: Zwar ist die Meinungsfreiheit eines der wichtigsten Grundrechte und ein hohes Gut, doch ohne freie Medien wird es inhaltsleer.

Dass die SED die Medien kontrolliert hat, steht wohl außer Zweifel.

In unserem GG Art. 5 heißt es dagegen: „Jeder hat das Recht, seine Meinung in Wort, Schrift und Bild frei zu äußern und zu verbreiten und sich aus allgemein zugänglichen Quellen ungehindert zu unterrichten."

Das ist edel und frei von Ideologie. So etwas konnten nur Menschen formulieren, die trotz aller Bildung erfahren mussten, was es heißt, ideologisch vergewaltigt zu werden. Denn genau das hat der Nationalsozialismus ab 1933 mit dem Volk der Deutschen gemacht und diese Vergewaltiger waren Deutsche, sehr viele sogar. Nicht wenige haben in den nationalsozialistischen Medien gearbeitet.

Übrigens, jede Ideologie vergewaltigt.

Ideen, Werte, Anschauungen oder Vorstellungen werden von den einzelnen Menschen so unterschiedlich wahrgenommen und interpretiert, dass nur durch Anerkennung von Fakten, Selbstbeschränkung und Diskussion in der breiten Öffentlichkeit der sogenannte Fortschritt erreicht werden kann.

Wenn aber die Medien nicht frei sind, dann wird auch die Meinungsfreiheit zur Lachnummer.

All das Gute, das durch die alte und neue Bundesrepublik in die Welt kam, ist diesem GG zu verdanken, das unser Carlo so maßgeblich mit geschaffen hat. Natürlich war er nicht alleine dabei. Doch er war der, der geführt hat, der, der dieses Gesetz zusammen mit seinen Mitstreitern zu etwas Einzigartigem in unserer Geschichte gemacht hat. Auf diesem Fundament ist das Deutschland von heute gegründet und es ist unsere Aufgabe, unser aller Aufgabe, Geist und Buchstaben dieses Gesetzes zu erhalten.

Klingt das patriotisch?

Aber ja, und es ist auch so gemeint. Für Carlo Schmid stand das Individuum im Mittelpunkt der Politik. Der einzigartige Mensch musste geschützt werden, vor der Meute der Mächtigen, die schon immer wussten, auch auf seine Stimme kommt es an – allerdings nur so lange, wie die Stimme noch nicht abgegeben war.

Nach jeder Wahl, das wissen wir heute, werden die abgegebenen Stimmen über das Klo entsorgt und die Regierung mutiert dann zum Souverän und das Wahlvolk verkommt zu Herde.

Die Väter und die wenigen Mütter unseres GG wussten um diesen Sachverhalt, denn er existiert schon so lange, wie sich Menschen von anderen wählen lassen.

Genau deshalb ist dieser Art. 5 Abs. 1 so einfach und schlicht gehalten. Auch die Menschen, die nicht gerade die hellsten Lichter am Leuchter sind, verstehen ihn. Genauso schlicht und einfach lauten die folgenden zwei Sätze: Satz 2: Die Pressefreiheit und die Freiheit der Berichterstattung durch Rundfunk und Film werden gewährleistet. Satz 3: Eine Zensur findet nicht statt.

Wer sich über eine Ideologie oder über den Haltungsjournalismus daran vergreift, muss mit Widerstand rechnen.

Selbst- oder Gruppenzensur waren damals genauso wenig vorstellbar wie kollektive Wahnvorstellung hinsichtlich Viren oder des Klimas.

Jeder, der also in der Politik von Deutschland etwas denkt, sagt oder jemanden wählt, ist frei in seiner Entscheidung, was er denkt, was er sagt oder wen er wählt. Es ist ein ganz starkes Recht, solange es eine breite Öffentlichkeit gibt, in der alle Meinungen zu Wort kommen.

Betrachten wir unser Land diesbezüglich, heute, im Jahre 2024, vor allem den Zustand der öffentlich-rechtlichen Medien, dann vergeht uns unsere Fröhlichkeit. Man könnte fast meinen, es gibt keinen Medienstaatsvertrag.
    Nahezu alle Medien haben sich dem rot-grünen Kollektiv unterworfen.
    Alle anderen sind Nazis.

Im Absatz zwei werden die Grenzen dieses Rechtes formuliert. Was da sind: die Gesetze, der Jugendschutz und die Ehre des Einzelnen. Für die Zornigen sei gesagt, selbst wenn ein Politiker noch so großen Mist baut, darf er nicht beleidigt werden. Auch er hat dann noch seine persönliche Ehre, die zu respektieren ist. Selbst dann, wenn er oder sie weite Teile unseres Volkes in den Dreck tritt.
    Aber der oder die In-den-Dreck-Getretene, die haben doch auch eine Ehre, oder nicht?

Kann man sich denn überhaupt nicht mehr in die Situation des politischen Gegners hineinversetzen? Viele Oppositionspolitiker haben Frau und Kinder – kann man sich auch nur in Ansätzen vorstellen, was die aushalten müssen?

Man kann von keiner Regierung der Welt erwarten, dass sie alle Meinungen der gesellschaftlichen Gruppen umsetzt.

Eine Regierung wird ja gerade von bestimmten Menschen gewählt, damit sie deren Ansichten in der Politik realisiert. Aber die Gegenseite darf dann in einer Demokratie keineswegs entrechtet oder unterdrückt werden, vielmehr muss sie Gelegenheit erhalten, selber nach neuen Mehrheiten zu suchen.

Also noch mal langsam. Wenn eine bestimmte Gruppe demzufolge eine bestimmte Meinung zu einem Thema hat, die nicht mit der Meinung der Regierung übereinstimmt, dann darf die Regierung zu denen sagen, ihr könnt uns mal?

Ja, und das geht sogar noch weiter.

Nehmen wir ein Beispiel.

Sie sind mit einem großen Projekt der Regierung nicht einverstanden. Stellen Sie sich ein neues Bahnhofsgebäude vor, das unterirdisch gebaut werden soll und mehrere Hundert Millionen Euro kosten würde. Sie sagen: „Brauchen wir nicht." und dieser Meinung schließen sich Tausende Menschen an. Dann dürfen Sie selbstverständlich Ihre Meinung sagen oder aufschreiben oder auch ein Bild malen. Sie begründen ihre abweichende Meinung mit dem Fakt, der Bahnhof wird nicht bloß ein paar Hundert Millionen kosten, es werden wohl eher ein paar Milliarden sein, die wir nicht haben. Sie treffen sich vor dem alten Bahnhof mit Ihren Gleichgesinnten und halten Schilder, Spruchbänder oder ähnliches hoch. Das deckt alles die Meinungsfreiheit.

Kommt dann allerdings die Polizei vorbei und bittet Sie, die „Versammlung" aufzulösen, dann dürfen Sie keineswegs sich auf eine Bank oder ein Mäuerchen setzen und verschnaufen. Sie müssen gehen, vor allem wenn die Polizei mit ihren großen, unförmigen, blauen Autos kommt. Es ist nämlich nicht Ihre Polizei, es ist die Polizei der Regierung. Selbige bläst sie dann mit ihren Wasserwerfern von der Bank oder dem Mäuerchen und Sie haben so erfahren, was das staatliche Gewaltmonopol ist.

Sehen Sie, genau das meint Herr Steinmeier, wenn er den Respekt für die demokratischen Institutionen einklagt.

Das an sich ist nicht traurig, wer nicht hören will, muss fühlen.

Was mich aber traurig macht, ist die Tatsache, warum wird eine Partei, die solches zu verantworten hat, überhaupt noch gewählt? Warum wird nur der erste Vorturner ausgewechselt, wenn hinterher festgestellt wird, war doch alles übertrieben heftig?

Warum wird in den Medien nicht ständig danach gefragt, was der Bahnhof bis jetzt gekostet hat und um wieviel Geld die veranschlagte Summe schon überschritten ist?

Und was ich gar nicht verstehe, wenn man dann eine andere Partei wählt, warum ausgerechnet eine, die alles noch schlimmer macht?

Die Antwort ist relativ einfach, einmal, weil unser politisches System so ist, wie es ist, und zum anderen, weil wir als Menschen so sind, wie wir sind.

Es gibt kein perfektes politisches System, genauso wie es keine perfekten Menschen gibt.

Nur unser Menschsein, auf welcher Seite wir auch stehen, ist unauflöslich.

Wir müssen festhalten, das eben macht die Demokratie aus. Der Streit, die Auseinandersetzung und dann der Kompromiss, wenn man sich auf eine bestimmte Ansicht nicht einigen kann.

Da kann es sehr wohl vorkommen, dass auch das Volk irrt, dass zu wenig Aufklärung betrieben wurde, dass Demagogen Eigeninteressen verfolgen.

Nur eine Regierung darf niemals aufhören, mit dem Volk zu kommunizieren, und zwar gerade mit ihren Gegnern.

Übrigens diskutiert heute die Regierung durchaus in den Staatsmedien über den jeweiligen Dissens. Meistens lassen die Mächtigen erst einmal einen Experten zu Wort kommen, der die Meinung der Regierung vertritt.

Sinnigerweise ist das jemand, der von dem neuen Bahnhof profitiert oder der eine diesbezüglich exponierte Stellung hat und ein Jahresgehalt bezieht, von dem die Demonstranten nur träumen können. Früher hat man sich noch den Luxus gegönnt, im Fernsehen mit den Gegnern direkt zu diskutieren. Da das Ergebnis aber nicht in jedem Fall für die Regierung positiv ausfiel, schenkt man sich das jetzt.

Schließlich ist das nicht zielführend gearbeitet. Heute ist die Sache dahingegen vereinfacht, dass man hauptsächlich in den Leitmedien nur noch Leute diskutieren lässt, die alle die Meinung der Regierung vertreten.

Sind Sie jetzt verwirrt?

Bevor Sie herumschreien. Stellen Sie sich nur einmal vor, wie schlimm alles wäre, wenn die Formulierungen des Art: 5 GG nicht so einfach gestrickt wären.

Dieser Artikel 5 ist für einen Demokraten nichts anderes als eine Aufforderung, stetig für ihn zu streiten.

Übrigens hat der Artikel 5 noch einen dritten Absatz.
Der lautet:
Kunst und Wissenschaft, Forschung und Lehre sind frei. Die Freiheit der Lehre entbindet nicht von der Treue zur Verfassung (gemeint ist das Grundgesetz).

Es gibt in Deutschland renommierte Universitäten, die diesen letzten Abschnitt entweder nicht kennen oder nicht verstanden haben, was er bedeutet. Wir haben heute eine Sprachpolizei, der jedwede rechtliche Grundlage fehlt.

Wie ist alles nur so gekommen?

Die Antwort ist relativ einfach. Sie liegt in unserem Menschsein und den Möglichkeiten, die unser Grundgesetz bietet.

Als Menschen haben wir eines der am besten funktionierenden Gehirne. Damit das aber nicht durch die permanenten Sinneswahrnehmungen überlastet wird, müssen wir vergessen.

So wie jeder als Individuum lernt, so vergisst er auch als Individuum.

Darauf bauen unsere Politiker ganz fest.

Einer der ganz wenigen wirklich guten SPD-Politiker hat zudem in Erinnerung gebracht, Deutschland hatte schon immer eine sehr schmale Debattenkultur.

Das bedeutet, viele von uns können nur ganz schwer zuhören, ohne gleich beleidigt zu sein, und andererseits hat man ein sehr geringes Empathievermögen, womit man dann am Gegenüber vorbei argumentiert.

Überhaupt kommen in der derzeitigen politischen Hysterie Argumente fast gar nicht vor. Alles wird von Vermutungen, Unterstellungen und Emotionen überlagert.

Deshalb möchte ich mich einmal an all jene wenden, die in der heutigen Zeit so nachhaltig gegen Rechts demonstrieren.

Liebe Mitbürger, ich respektiere mit Hochachtung Ihren Einsatz gegen Faschismus und Nazibarbarei.

Ihren Kampf gegen Rechts lehne ich jedoch aus tiefstem Herzen ab und sei es drum, dass ich als Einziger einer nach Millionen zählenden Menschenmasse gegenüberstehe.

Nehmen Sie bitte zur Kenntnis, wer gegen etwas demonstriert, der sollte auch für etwas sein.

In Deutschland kann das nur das Grundgesetz sein.

An zwei Beispielen möchte ich erklären, warum ich so denke.

1. Beispiel

Viele von Ihnen, liebe Mitbürger, stehen auf Positionen der derzeitigen rot-grünen Regierung. Das ist in Ordnung, solange Sie das Grundgesetz respektieren.

Ich bin nicht Mitglied der AfD, doch ich lehne Ihre permanente Unterstellung, diese Partei sei faschistoid, grundsätzlich ab.

Dabei bin ich mir sehr wohl darüber im Klaren, nicht die vereinzelten Aussagen von einzelnen Politikern sind dabei von Bedeutung, sondern das Parteiprogramm und die Handlungsweisen der Parteispitze und Mandatsträger.

Ich habe mir übrigens solche Unterlagen von der AfD besorgt und auch gelesen.

Das sollte übrigens für jede Partei gelten, mit der man sich beschäftigt.

Ich fühle mich durch meine Informationen in meiner Meinung bestätigt.

Da Sie, liebe Mitbürger, diesbezüglich wohl doch eine andere Meinung haben, erlaube ich mir folgende Frage:

Darf man in der heutigen politischen Auseinandersetzung, in der die AfD pauschal als Nazipartei abqualifiziert wird, die Grüne Partei als Partei der „Kinderficker" bezeichnen?

Ich entschuldige mich einerseits für die „Gossensprache" und gebe gleichzeitig eine verneinende Antwort.

Da ich jedoch versprochen habe, höflich zu bleiben, ändere ich das Wort aus der Gossensprache in „Pädophilen-Partei" um.

Nein, das dürfen wir nicht, allerdings genauso wenig, wie Sie nicht das Recht haben, jede andere Partei, quasi aus einem Gefühl heraus, zu verunglimpfen.

Ich verlasse mich allerdings nicht auf mein Gefühl, sondern verweise Sie nur auf zwei Namen. Gerne können Sie nachlesen, wie Herr Volker Beck oder Herr Cohn-Bendit sich hinsichtlich der Pädosexualität positioniert hatten.

Sollten Sie sich tiefer mit diesem dunklen Kapitel der Grünen Partei auseinandersetzen wollen, dann empfehle ich Ihnen die Spezialausgabe der Zeitschrift Compact Nr. 27 mit dem bezeichnenden Titel „Geheimsache Kinderschänder", die eine Vielzahl von diesbezüglichen Sachverhalten und weiterführende Literatur enthält.

2. Beispiel

Uns allen sind die Geschwister Scholl in Erinnerung.

Sie verkörperten mit ganz wenig anderen den geringen moralischen Rest, über den unser Volk damals verfügte.

Sie lebten in einer Zeit, als die Verfassung der Weimarer Republik durch die Vorgaben des Nationalsozialismus pulverisiert wurde.

Mit ihrer Flugblattaktion setzten sie sich für Demokratie, für Menschenrechte, für Frieden und für Freiheit ein, gegen den Faschismus.

Draußen in der Öffentlichkeit von Deutschland marschierten die Braunen, die jeden Widerstand erstickten, indem sie dem Volk vorgaukelten, sie wären die Retter der Nation, ja, der ganzen Menschheit.

Sie veranstalteten Massenaufmärsche, am liebsten mit brennenden Fackeln, was insofern recht praktisch war, konnte man bei diesen Demonstrationen doch auch gleich unliebsame Bücher verbrennen.

Die Geschwister Scholl waren und blieben allein, niemand konnte oder wollte ihnen helfen, dem Fallbeil zu entkommen.

Sie können nicht wieder lebendig gemacht werden.

In unserer Trauer bleibt uns allen nur eines, es mit unserem Grundgesetz besser zu machen.

Deshalb meine Frage an Sie, verehrte demonstrierende Mitbürger.

Sehen Sie denn nicht die brennenden Fackeln in ihren Händen?

Lassen Sie mich noch einmal auf meine Großmutter zurückkommen.

Sie war die Einzige in unserer Familie, die Hitler je gesehen hat. Ob sie ihn gewählt hat, weiß ich nicht, ich glaube es nur.

Was ich aber weiß, ist Folgendes: Meine Großmutter wohnte in einem Haus, dem gegenüber sich eine kleine Fabrik befand. Dort waren im 2. Weltkrieg polnische Zwangsarbeiterinnen beschäftigt.

Sie mussten auch in der Fabrik schlafen und nach Aussage meiner Mutter hatten diese Frauen immer Hunger.

Die SA bewachte das Fabrikgelände und es war verboten, den Frauen etwas zu Essen zu geben.

Meine Großmutter hatte ihren Töchtern verboten, gegen diese Festlegung der SA zu verstoßen.

Ich denke, damit hat sie sich schuldig gemacht, ohne dass ich dabei auf die Schwere der Schuld eingehen will.

Die Geschwister Scholl, im Gegensatz zu meiner Großmutter, hatten Flugblätter verteilt und endeten unter dem Fallbeil.

Ich frage wieder. Was hätte meine Großmutter als Mutter von drei unmündigen Mädchen tun sollen oder können?

Eines weiß ich, hätte es damals die Möglichkeit gegeben, über Krieg und Frieden abzustimmen, sie wäre für den Frieden gewesen.

Ja, ja, ich weiß. Das Museum in Nürnberg auf dem ehemaligen Reichsparteitagsgelände habe ich besucht. Ich habe die damalige Begeisterung gesehen und trotzdem glaube ich, gerade Mütter, die Söhne haben, wissen um die Verderblichkeit des Krieges. Sie hätte für Frieden gestimmt.

Ob es damals eine Mehrheit für den Frieden gegeben hätte, muss offenbleiben.

Der Rundfunk und die Zeitungen waren ja fest in der Hand der Nazis.

Aber ohne namentliche Abstimmung über Krieg und Frieden oder besser über die Arbeit der Regierung, gemessen am

Grundgesetz, kann Individualschuld am Krieg nicht festgestellt werden.

Auch heute, da bin ich mir sicher, wäre ein Abstimmungsergebnis hinsichtlich des Ukrainekrieges durchaus offen, egal was da das Grundgesetz festlegt.

Nur jeder, der einen Krieg befürwortet, der ist allein dadurch schuldig, dass er sich dann zum Krieg offen bekannt hat.

Die Geschwister Scholl mussten übrigens verraten, inhaftiert, verhört, verurteilt und dann auf das Brett gebunden werden, damit der Henker nur einen Hebel zu bedienen brauchte.

Wie viele von jenen, die an dieser Ermordung der Geschwister Scholl beteiligt waren, sind ohne Strafe, weil ohne Schuld, davongekommen?

Eine Kollektivschuld gibt es ja angeblich nicht.

Vorschlag 8

Versuchen Sie doch einmal, irgendwo bei einer Zusammenkunft von Menschen eine gegenteilige Meinung zur vorherrschenden zu äußern.

Beobachten Sie die Reaktionen.

Kapitel 7: Warum wir uns wieder auf ein Leben im Käfig zubewegen

Die Versammlungsfreiheit, die Vereinigungsfreiheit und deren Bezug zur Meinungsfreiheit wird hier untersucht.

Ein recht kurzes Kapitel. Wir lernen einen Australier kennen, der mal sehr erfolgreich Menschen an sich gebunden hat, und an dessen Beispiel zeigen wir, wie gefährlich unsere westliche Gesellschaft tatsächlich sein kann.

Außerdem gehe ich auf den Politiker ein, der in der heutigen Zeit wohl die größte Menge an Verachtung ertragen muss, obwohl er nun wirklich nicht anders ist als wir selber.

Grundsätzlich geht es um die permanente Gefährdung der Demokratie durch den Gutmenschen.

Die Mütter und Väter des GG wussten natürlich um die Tatsache, dass Politik immer Streit bedeutet, und wie das bei Menschen halt so ist, nicht jeder streitet fair.

In der DDR regelte Art. 28 der Verfassung die Versammlungsfreiheit.

Der erste Abschnitt lautete dort: „Alle Bürger haben das Recht, sich im Rahmen der Grundsätze und Ziele der Verfassung friedlich zu versammeln.", was vom Wortsinn her durchaus ehrlich war.

Im Gegensatz dazu sagt das GG schlicht: „Alle Deutschen haben das Recht, sich ohne Anmeldung oder Erlaubnis friedlich und ohne Waffen zu versammeln."

In der DDR hatten die Oppositionellen die Verfassung nicht richtig gelesen. Deshalb waren Erich und seine Genossen auch so verärgert, als man sie Lügner nannte.

Sie hatten nicht gelogen.

In der Bundesrepublik hat man derzeit den Eindruck, Politiker und Medienleute verfügen bezüglich des Grundgesetzes über die gleiche Unart.

Wenn Sie als Bürger zum Beispiel fordern würden, die Bundesrepublik soll sich gefälligst aus Kriegen heraushalten, dann sind Sie zwar grundgesetzkonform, jedoch aus der Zeit gefallen, wie unser Olaf das so schön ausgedrückt hat. Sie sind innerhalb von Sekunden wieder vergessen.

Sollten Sie aber durch welchen Zufall auch immer den Art. 8 GG mal in die Finger bekommen haben und nun erfreut glauben, Sie könnten Gleichgesinnte zur Meinungsverstärkung hinzuziehen, dann – Obacht.

Auch eine Forderung wie Austritt aus der EU oder Austritt aus der NATO sind Sachverhalte, die die Versammlungsfreiheit gewaltig einschränken.

Nicht formal!

Nein, nein, nicht dass Sie sich nicht mit Ihren Gesellen treffen dürften. Solange das in geschlossenen Räumen stattfindet. Oder Sie eine Demonstration angemeldet haben und die entsprechenden Auflagen erfüllen, alles easy.

Vorsichtshalber sollten Sie aber bei Ihrem PKW nachschauen, ob der TÜV in Ordnung ist, ob der Verbandskasten nicht abgelaufen ist und ob Sie nicht sonst wo irgendwelche „Leichen im Keller" haben.

Ganz wichtig, prüfen Sie Ihre Steuererklärung, denn wenn da was nicht stimmt, geht es ab ins Hochsicherheitsgefängnis. Und da bleiben Sie, solange der Staat will.

Gesetze hin oder her. Es geht um die nationale Sicherheit!

Denken Sie an den obersten Querdenker.

Sie müssen keine Angst haben, die Todesstrafe ist abgeschafft, aber eine lange Untersuchungshaft mit entsprechenden Schikanen kann auch schlauchen.

Sobald Sie gegen den Strich bürsten, im übertragenen Sinne, dann wird es ungemütlich, gerade in einer Demokratie.

Kennen Sie die hübsche Geschichte von dem inzwischen stark gealterten Australier, der mal jung war?

Ich meine den, der der friedliebendsten Nation der Welt unterstellt hatte, sie würde foltern und Kriegsverbrechen verüben. Auf einer Internet-Plattform hat er dann auch noch Videos veröffentlicht, die das Ganze so was von eindeutig bewiesen haben.

Dem haben sie es aber gezeigt, der sitzt nun schon seit geraumer Zeit im Hochsicherheitsgefängnis der Briten. Er soll bloß froh sein, denn er lebt noch.

In den USA, wo die Todesstrafe noch sehr lebendig ist, hätte er wohl nicht so viel Glück.

Ach, Sie haben ihn vollkommen aus dem Blick verloren, den Julian, nun das war harte Kärrnerarbeit unserer Medien.

Was, glauben Sie, hat das für Kraft und Aufwand und Geld gekostet, diesen bockigen Australier klein zu kriegen und aus der öffentlichen Aufmerksamkeit zu entfernen.

Sie fragen mich jetzt, was der wohl mit Art. 8 GG zu tun hat?

Nun, wir müssen jetzt in den Bahnen des Grundgesetzes denken.

Die Meinungsfreiheit braucht die freien Medien und natürlich auch die Versammlungsfreiheit, weil die politische Diskussion eben mit Gleichgesinnten und auch mit Andersdenkenden geführt wird. Die Versammlungsfreiheit laut Artikel 8 ist wie Artikel 9, die Vereinigungsfreiheit, die Grundlage für die demokratische Meinungsbildung. Nur so können Sie neue Mehrheiten bilden, die die alte Mehrheit ablöst.

Sobald Sie also auf Ihrer Versammlung, mit Ihrer Meinung und mit Ihrer Vereinigung so richtig gegen den Strich bürsten, von wegen Frieden jetzt und für immer, EU-Austritt, Austritt aus der NATO usw., dann sind Sie, verzeihen Sie mir den Ausdruck, echt am Arsch. Vor allem, wenn Sie viele Menschen um sich scharen können, die Ihnen zuhören oder Ihnen glauben.

Da geht es um die Macht schlechthin und da wird kein demokratischer Spaß verstanden.

Eine Partei hingegen können Sie gründen, da bekommen Sie sogar von manchen Politikern Beifall, denn je mehr Parteien, desto zersplitterter die Macht.

Beachten Sie diesbezüglich doch mal, wie die schöne Sahra die Linke zerlegt hat, und fragen Sie sich, wer wohl am meisten davon profitiert.

Doch zurück zu Julian Assange.

Ich will mit dem Beispiel des Aussis zeigen, Erfolg kann auch sehr schädlich sein.

Die Internet-Plattform, die er geschaffen hat, war für Millionen Menschen eine wichtige Informationsquelle.

Ein Schweizer Völkerrechtsprofessor und UNO-Sonderberichterstatter für Folter hat ein bedrückendes Buch über Julian geschrieben, und hat es was genützt?

Nichts! Zumindest bis jetzt.

Trotzdem will ich an dieser Stelle Nils Melzer, diesen aufrechten Demokraten, für dieses Buch, würdigen.

Sein Buch heißt „Der Fall Julian Assange: Geschichte einer Verfolgung".

Nur so viel dazu. Assange hat auf der großen Internetbühne das politische Establishment der USA als das dargestellt, was diese Leute tatsächlich sind, nämlich Mörder, Lumpen und Verbrecher.

Die Beweislage war eindeutig und Julian glaubte tatsächlich, die Mächtigen der einzigen Großmacht auf Erden bei den „Eiern" gepackt zu haben.

Tja, und dann hat der politische Westen gezeigt, was er von Menschenwürde und Menschenrechten und von der Wahrheit tatsächlich hält.

Lesen Sie dieses Buch, ich bitte Sie darum.

Einen Satz, es ist mein Lieblingssatz dieses Buches, den will ich Ihnen zitieren:

Nils Melder schreibt auf Seite 114, der Ausgabe von Piper:
„In den zwanzig Jahren meiner Arbeit mit Opfern von Krieg, Gewalt und politischer Verfolgung habe ich es noch nie erlebt, dass sich eine Gruppe demokratischer Staaten zusammenrottet, um eine Einzelperson über so lange Zeit und mit so wenig Rücksicht auf Menschenwürde und Rechtsstaatlichkeit zu isolieren, zu dämonisieren und zu misshandeln."

Lesen Sie dieses Buch und Sie wissen, welche Staaten das sind.

Bis zum heutigen Tag ist Julian Assange in Großbritannien in Haft!
Alle Anschuldigungen sind erlogen, und wird Julian Assange an die USA ausgeliefert, dann kommt er nie mehr frei.

Vielleicht wird ihnen jetzt klar, warum die AfD und da vor allen Björn Höcke derart dämonisiert und verunglimpft wird.
Menschen, vor denen das Establishment sich fürchtet, die werden dämonisiert und entmenschlicht, damit man sie vernichten kann.

Man kann und muss über politisch Kontroverses streiten, auch mit harten Bandagen.

Aber alle bleiben doch dabei Menschen, die fehlbar sind und irren können. Wäre auch nur ein Bruchteil von dem wahr, was man Herrn Höcke unterstellt, so wäre er wohl niemand anderes als der Leibhaftige auf Erden.

Wenn eine anonyme Masse sich an einem einzelnen Menschen ohne Anstand und Respekt abarbeitet, dann ist das menschenverachtend und einer Demokratie unwürdig.

Nun, inzwischen dürfte Ihnen klar sein, Grundrechte sind nichts Isoliertes, sie gehen vielmehr an bestimmten Punkten zusammen.

Um das Ganze nochmals zu illustrieren, das GG erlaubt Ihnen, für den Frieden zu sein, Sie dürfen in Versammlungen oder bei Demonstrationen mit anderen darüber diskutieren, und wenn das alles noch nicht genug ist, dann können Sie einen Friedensverein oder eine Friedenspartei gründen.

Wir hatten schon mal so eine Friedenspartei, die ist aber inzwischen degeneriert oder mutiert oder einfach nur verwahrlost, ich weiß es nicht genau, jedenfalls ist sie weg.

Wenn Sie dann so eine Vereinigung haben, dann ist es günstig, wenn die Hälfte ihrer Mitglieder Rechtsanwälte sind, denn dann müssen Sie eine ganze Menge anderer Gesetze, Verordnungen, Richtlinien oder sonst was einhalten.

Je deutlicher sich ihre Vereinigung von der oder den jeweiligen Regierungsparteien unterscheidet oder je mehr Erfolg Sie damit bei den Menschen haben, umso gefährlicher leben Sie.

Es ist in Deutschland inzwischen üblich, politische Gegner mit Hetze einzuschüchtern, Gewalt gegen Sie anzuwenden und ihre Adressen zu veröffentlichen.

Sehen Sie, nicht nur was den Eisenbahnverkehr, das Bauwesen oder den öffentlichen Nahverkehr betrifft, nein, auch po-

litisch sind wir inzwischen auf dem Weg zu einer Bananenrepublik.

Wir könnten jetzt spaßig ausrufen: „Wer hat's erfunden?"
  Die Schweizer waren es nicht. Die sind unsere Vorbilder, die
kämpfen für den Erhalt ihrer direkten Demokratie.

Sie könnten natürlich Schritt für Schritt herausfinden, wer, wo,
mit welchen Argumenten von welcher Partei die Demokratie
Schritt für Schritt zusammengeklopft hat.

Das ist aber nicht nur sehr mühsam, nein, schlimmer ist, es interessiert kaum noch jemanden.
  Lassen Sie uns das Kapitel abschließen mit einem Ausspruch
von einem Italiener, der mal geschrieben hat – ich zitiere sinngemäß –: „Wenn der Faschismus wiederkommt, dann nicht als
Faschismus, sondern als Antifaschismus."
  Bei uns in Deutschland bedeutet das einfach, das GG geht
den Mächtigen glatt am Popo vorbei. Nein, Arsch ist besser!

Nein, nein, ich muss noch was loswerden, sonst ersticke ich.
  Ich will Sie etwas fragen.
  Im Art. 9 Abs.2 steht: „Vereinigungen, deren Zwecke oder
deren Tätigkeit den Strafgesetzen zuwiderlaufen oder die sich
gegen die verfassungsmäßige Ordnung oder gegen den Gedanken der Völkerverständigung richten, sind verboten."

Jetzt zu der Frage an die deutschen Staatsanwälte. Müssten
nicht eigentlich gegen die SPD, die FDP und die Grünen auch
Untersuchungen angestellt werden, wie gegenüber der AfD?
  Friedensgebot? Völkerverständigung? Ukrainekrieg? Staats-
verschuldung? Staatssouveränität?
  Denken Sie mal darüber nach!

Es ist eine einfache Wahrheit, jede Regierung, die sich so weit
vom Grundgesetz entfernt hat, wie die derzeitige, kann das nur

machen, wenn sie sich sicher sind, erst nach Jahren wird der Bürger wieder für einen kurzen Moment zum Souverän und bis dahin hat er vieles wieder vergessen.

Vorschlag 8

Besuchen Sie doch einmal eine Parteiversammlung einer beliebigen Partei, oder wenn es nicht gleich so heftig werden soll, die Jahresversammlung eines beliebigen Vereins.

Beobachten Sie dabei einmal die Verhaltensweisen derer, die das Wort führen.

Kapitel 8: Von der Gleichheit der Ungleichen

Ein schwieriges Kapitel, aber auch wichtig. Es zeigt wie so oft, wir sagen Dinge, die wir nicht meinen, und meinen Dinge, die wir nicht sagen. Dabei erweitern wir die Gleichberechtigung der Menschen auf die ganze Welt und kommen dann zu einer Frage, auf die ich keine Antwort weiß.

Es ist wahrscheinlich das Kapitel, wo ich den heftigsten Widerspruch ernten werde.

Aber ich denke nun einmal so und wenn ich falsch liegen sollte, dann habe ich immer noch meinen Garten.

In unserem GG regelt der Art.3 mit seinen drei Abschnitten die Gleichberechtigung, die es natürlich immer noch nicht hundertprozentig gibt und wohl auch nie geben wird.

Um etwas Erheiterndes zu sagen, vor dem Gesetz sind alle gleich … bis auf die, die gleicher sind.

Witz oder Wahrheit?

In der DDR wusste jeder, das ZK, das Politbüro oder gar Erich, die waren die obersten Gleichen.

Dabei haben sie mehr in ihrem Volk gelebt als die Oberen heute.

Gelebt ist vielleicht nicht ganz das richtige Wort, sagen wir, sie wussten besser Bescheid über ihr Volk als die heute.

Das Ministerium für Staatssicherheit hatte dafür gesorgt, denn der andere Erich wollte zuallererst wissen, was die Menschen dachten.

Heute wissen allerhöchstens die Amerikaner, was die Deutschen denken. Doch es interessiert niemanden so richtig.

Der Bundesnachrichtendienst will zuallererst der CIA gefällig sein, der Verfassungsschutz schützt natürlich nicht die Verfassung, sondern die Wählbarkeit der Regierung und müht sich dabei ab, die AfD zu diskriminieren, und wie schon unsere Annalena sagte, es interessiert überhaupt nicht, was die Wähler denken.

So können wir leicht unser Ding für uns machen.

Also, vor dem Gesetz sind wir alle gleich, Männer, Frauen, Diverse, denn Abs. 1 spricht da von Menschen.

Gleichberechtigt sind nur Männer und Frauen, die Diversen fehlen noch, weil da noch keiner geglaubt hat, dass es so etwas einmal geben könnte.

Damit erfahren wir, Diversität ist nichts Biologisches, sondern etwas, das aus dem Sozialisationsprozess entstanden ist.

Der Staat fördert die Gleichberechtigung und wirkt auf die Beseitigung von bestimmten Nachteilen hin.

So fördert und wirkt unser Staat immer noch, ganz einfach deshalb, weil Gleichberechtigung an sich eine Fata Morgana ist.

Sehen Sie, Frauen müssen menstruieren und die Kinder kriegen. Männer kriegen einen Orgasmus, egal ob mit Fremdbeteiligung oder in Eigenleistung. Männer sterben zwar etwas eher als Frauen, aber das ist nicht unbedingt tröstlich.

Aufgrund der Sozialisation des Menschen haben Kinder ein stärkeres Bindungsverhältnis zur Mutter, zumindest in frühkindlicher Zeit, während Papi auf der Jagd war, heute auf der Jagd nach dem Geld.

Schön für den Wohlstand ist es, wenn Vati und Mutti Geld anschaffen gehen, bleibt nur das Problem der kleinen Windelscheißer, wohin mit ihnen.

Die Sozialisation hat es auch bewirkt, dass sich Frauen- und Männerberufe entwickelten, die natürlich unterschiedlich bezahlt wurden.

Männer dominieren tatsächlich noch das Wirtschaftsgeschehen, einfach weil die Familien eine solche Struktur förderten.

Heute kann jeder sein Leben jedoch so einrichten oder seine Familie so gestalten, wie er will.

Das reicht unsren Suffragetten aber nicht, der Penisneid ist zu stark.

Die Zukurzgekommenen wollen alles. Wie immer.

Wenn heute eine Frau durch die Gegend vögelt genau wie ein Mann, dann gilt immer noch der Spruch meiner Großmutter, die sagte nämlich: „Jungs tragen alles fort, Mädchen tragen alles nach Hause." Sie wusste wovon sie sprach, sie hatte 10 Kinder geboren, davon waren 7 Mädchen.

Bei Adolfen war sie Mutterkreuzträgerin, was ich nur erwähne, weil es in unsere Familie tatsächlich wenig Orden gibt und gegeben hat.

Frauen, die ihre Kinder alleine aufziehen, weil ihre Männer das Weite gesucht haben, die kennen häufig das Existenzminimum.

Oh ja, der Staat hilft mit Sozialhilfe, Kindergeld und sonstigen Kleinigkeiten.

Für den Staat sind das natürlich keine Kleinigkeiten, für den sind das Milliarden. Aber das ändert doch nichts daran, dass alle staatlichen Hilfen einfach immer nicht reichen.

Die Freiheit in einem Staat kommt in der scheinbaren Hartherzigkeit des Rechtswesens zum Ausdruck. Gesetze kennen nun einmal keine Gefühle. Es sind einfach nur einzuhaltende Regeln.

Eine alleinerziehende Frau kann so ihren Begatter auf Unterhalt verklagen und bekommt meistens auch ihr Recht, nicht etwa ihr Geld.

Sobald der Penisträger sich dünn macht, oder sonst wie keine Zahlungen leistet, dann hat die Frau und dann haben die Kinder zwar einen Anspruch, aber auch den Zonk, weil kein Geld.

Das gleich gilt natürlich auch für alleinerziehende Männer.

Der Staat jedenfalls springt nicht ein und zahlt und sagt sich dann, da ich die Machtmittel habe, kaufe ich mir die Schuldigen. Nein, der Staat sagt ... sorry.

Wir alle sind zueinander unterschiedlich, es gibt auf der Welt nahezu nichts natürlich Gleiches.

Mit Liebe, Anstand, Moral, Zuneigung, Mitleidsfähigkeit, Empathie, Verständnis, Toleranz, Verantwortung, Kritikfähigkeit, Selbstlosigkeit und was weiß ich noch, könnten wir so viel erreichen. Denn das sind die Elemente, die aus Ungleichheit Gleichwertigkeit machen. Aber versuchen Sie doch mal, in den Medien eine Diskussion z. B. über Anstand und Moral vom Zaun zu brechen oder in Ihrem näheren Bekanntenkreis.

Schon ganz schnell werden Sie scheitern, weil die Medienprofis und Ihre Bekannten Ihnen zeigen werden, weder Anstand noch Moral können definiert werden und sind somit kaum existent bzw. nur dann vorhanden, wenn es die Öffentlichkeit sehen will.

Aber es kommt darauf an, wenn es niemand sieht. Anstand und Moral sind gelebte Werte, die uns selbst ausmachen, nicht die anderen.

Die Welt und unser Leben werden nicht dadurch besser, dass Frauen darum kämpfen, sich genauso widerwärtig benehmen zu können wie manche Männer.

Ich muss aufpassen, mich nicht in der Philosophie zu verlaufen.

Was ich auf jeden Fall Ihnen noch sagen wollte, ist Folgendes:

Die Gleichheit vor dem Gesetz ist ein hohes Gut, das Jahrhunderte auf sich hat warten lassen.

Viele wirklich Große, nicht nur aus unserem Volk, mussten Demütigungen ungeahnten Ausmaßes hinnehmen, nur weil sie einfache Menschen waren und nicht von Adel.

Denken Sie nur an unseren Ludwig van Beethoven.

Wenn Sie in seine Musik hinein hören, seinen unglaublich schönen Melodien folgen, wenn Sie empfinden können, wie sich Zärtlichkeit, Harmonie und tiefes Glücksempfinden in abgrundtiefe Verzweiflung verwandelt, nur um dann wieder an die Hoffnung, an die Menschlichkeit, an Glück und Liebe zu appellieren, dann können Sie vielleicht erahnen, wie dieser Ewige an der Liebe gelitten und wie er an ihr und damit an den damaligen Verhältnissen verzweifelt ist.

Sein häufig sehr unglückliches Leben ist darüber vergangen, aber er hat der Welt ein Beispiel gegeben, nicht nur fordernd macht man die Welt besser, sondern vor allen schaffend.

Natürlich lag es an der Zeit, an der Geschichte, aber selbst heute noch wird dem Adel in Deutschland gehuldigt, wo doch jedes Medium permanent von der Gleichheit faselt.

Der Adel wurde 1919 abgeschafft. Doch nicht nur, dass man sein Herrensignum nach wie vor im Namen tragen kann, nein, man kann auch auf Rückgabe dessen hoffen, was man Generationen einfacher Bürger mit Hilfe von Leibeigenschaft, Ausbeutung und natürlich der Knute abgepresst und zusammengerafft hat.

Betrachten Sie die sogenannten Stars, egal ob sie was können oder nicht. Es ist nicht die Gleichheit, der man da huldigt, es ist der Wunsch und die Sehnsucht nach Ungleichheit.

Schauen Sie sich die Rituale und Privilegien unserer politischen Eliten an, ihre Begegnungen mit der Bevölkerung. Spüren Sie da irgendetwas von Gleichheit?

Jetzt muss ich mich aber entschuldigen, ich bin schon wieder ausgebrochen.

Was ich sagen will, ist, die Absätze 2 und 3 des Artikels 3 sind Luftnummern, ähnlich dem Spiel mit einer E-Gitarre, halt nur ohne E-Gitarre.

Der Staat kann diese Aufgaben, die er sich da stellt, gar nicht erfüllen und er will es auch gar nicht, weil es auch viele Menschen nicht wollen, einfach weil die Menschen zu viele und zu verschieden sind, weil unser soziales Zusammenleben über Jahrtausende geprägt wurde und weil Veränderungen Zeit brauchen, weil man veränderte Normen und Wertvorstellungen nur langsam auf das Individuum übertragen kann.

Aber diese beiden Abschnitte von Artikel 3 sind die Einfallstore für Verirrungen und Einflussnahmen der Politik, deren Folgen wir kaum abschätzen können.

Nur so mal als Beispiel. Wie stellen Sie sich eine Welt vor, die durchgegendert ist?

Betrachten Sie unsere gegenderte Sprache. Soll das normal sein?

Wenn wir die geschlechtlichen Unterschiede von Mann und Frau einebnen, was wird dann aus der Erotik, aus der Liebe und auch aus unserem Sein als zweigeschlechtliche Menschen?

Auch hier nochmals, jeder soll und darf leben, wie er will, solange unsere Gesetze respektiert werden. Aber muss denn die ganze Welt davon erfahren, wenn einer einen Penis hat, damit jedoch nichts anfangen kann, und eine Frau mit Vagina meint, sie sei trotzdem ein Mann?

Haben wir vergessen, wie unglücklich manche Menschen mit ihrer Körpergröße sind, mit dem Aussehen ihres Gesichts, mit der Ausprägung ihres Körpers?

Nur weil wir bestimmte Sachverhalte operativ korrigieren können, müssen wir doch nicht auch noch eine anerkannte Wissenschaft zur Lachnummer degradieren.

Wie werden wir uns in zwanzig Jahren verhalten, wenn da einer daherkommt und meint, er sei ein Hund?

Schaffen wir dann die gesetzliche Grundlage dafür, dass er einen Schwanz angenäht bekommt?

Unsere Verschiedenheit hat uns über die Jahrtausende geprägt.

Sehen Sie die vielen Vorteile? Gibt es auch Nachteile?

Angeblich haben wir 200 Lehrstühle für Genderforschung, doch nur noch 3 oder 4 für Kernforschung.

So dämlich können wir doch gar nicht sein – oder doch?

Schieben wir das Thema auf ein anderes Feld.

Als im zweiten Drittel des 20. Jahrhunderts der Bericht der Weltkommission für Umwelt und Entwicklung mit dem Titel „Unsere gemeinsame Zukunft" veröffentlicht wurde, da gab es in Europa, glaube ich zumindest, nur eine Frau, die ein Land regiert hat. Auch was die Ministerposten betraf, war nicht viel Weiblichkeit vorhanden. Wenn Sie den Bericht heute nochmals lesen, werden Sie feststellen, schon damals war die Welt in angeblich keinem guten Zustand.

Heute können Frauen genau wie Männer in Strip-Lokale gehen oder sich die Chippendales nach Hause bestellen.

Und natürlich haben sie sich, die Frauen, viele bedeutende Positionen in der Politik der verschiedensten Länder erkämpft.

Was das gute Recht der Frauen ist.

Aber wenn auch nur ein Einziger sagt, die Welt ist durch den politischen Einfluss der Frauen, durch die sogenannte Gleichberechtigung, ein gastlicherer Ort geworden, dann, meine Lieben, stürze ich mich von der Türschwelle.

Nur weil ein politisches Amt von einer Frau ausgeübt wird, müssen wir nicht kritiklos hinnehmen, was sie da gerade treibt.

Eine Frau übt ein politisches Amt nicht automatisch besser aus als ein Mann, nur weil sie eine Frau ist.

Wenn dann noch hinzu kommt, dass diese Frauen bezüglich ihres Wissens um die Welt nicht gerade die hellsten Lichter am Leuchter sind, dann darf man als Mann, sehr wohl sagen, treten Sie zurück, verehrte Damen.

Das gleiche gilt übrigens auch für die vielen weiblichen Professorinnen und deren Arbeit.

Überall kommt Kunst von Können, nicht aus der Geschlechtlichkeit.

Geht es um das Thema Krieg oder Frieden, dann müssen Männer und Frauen sich ihrer Verantwortung grundsätzlich stellen.

Ich gebe offen zu, für den derzeitigen Klimawahn und für den Hass auf Russland habe ich keine wirklich schlüssige Erklärung.

Es gibt jedoch einige Fakten, die ich hier anführen möchte, ohne dass Sie mich jetzt gleich als Verschwörungsheini abtun.

Als Konservativer beziehe ich die Gleichheit unseres Grundgesetzes auf alle Frauen und Männer, egal was sie für eine Hautfarbe haben, welcher Nation sie angehören oder welche politische Meinung oder welche Religion sie vertreten.

Wenn es Themen gibt, über die unterschiedliche Meinungen existieren, dann glaube ich an die Diskussion auf der Basis der menschlichen Vernunft.

Schaue ich auf unser Land, so frage ich mich, wissen eigentlich die Frauen und Männer der Grünen und Roten, was ihre Klimavordenker so den lieben langen Tag von sich geben?

Dazu wieder ein Beispiel.

Einer der ganz großen Vorturner der „Klimaterroristen", Herr Dennis Meadows, hat in einem Interview 2017 mal Folgendes geäußert. Ich zitiere sinngemäß.

Also die Erde ist hinüber, früher oder später bricht das System zusammen. Es ist nicht zu verhindern und der Herr Meadows hofft auf eine friedliche Weise des Zusammenbruchs.

Dabei führt er aber explizit aus, bei dieser friedlichen Weise des Zusammenbruchs muss nicht jeder glücklich sein.

Die Erde verträgt maximal 2 bis 3 Milliarden Menschen seiner Meinung nach und die Überzähligen müssen halt ausgedünnt werden, weil auf kluge Diktatoren nicht zu hoffen ist. Wären die vorhanden, so könnten wohl doch ein paar Milliarden Menschen mehr auf dem Planeten überleben, allerdings unter den Zuständen einer Diktatur.

Zwischendurch lässt er uns noch wissen, je niedriger der Lebensstandard, desto mehr Menschen wären möglich.

Haben Sie zufällig schon mal was von den Programmen 30/30 und 50/50 gehört?

Nun, beides bedeutet, bis zum Jahre 2030 sollen 30 Prozent der Landfläche des Planeten für den Normalo nicht mehr zugänglich sein und ab 2050 dann 50 Prozent.

Was bedeutet das hinsichtlich der Gleichheit der Menschen?

Ich frage nur mal so. Sind Kriege auf der Welt vielleicht deshalb notwendig?

Wenn das stimmt, was Herr Meadows uns da wissen lässt, wer legt dann fest, wer auf welcher Seite der Rampe zu stehen hat?

Sollte Ihnen der Name Meadows noch etwas sagen, ja, es ist derjenige, der die „Grenzen des Wachstums" mit fabriziert hat.

Natürlich gilt auch hier, manch einer ist gleicher.

Wenn Sie ein Vermögen haben, das Sie beim besten Willen in Ihrer normalen Lebensspanne nicht aufbrauchen können, dann wäre das ewige Leben schon recht schön.

Nur was nützt dieses Leben dann, wenn noch eine ganze Anzahl anderer Menschen Ihnen mit ihrer Anwesenheit das Dasein versauen?

Zurzeit tagt wohl das Weltwirtschaftsforum. Ich denke, wir sind uns einig, für diese Damen und Herren gilt das Geschwätz von Herrn Meadows nicht.

Deshalb darf Frau Baerbock über dem Ozean einige Hunderttausend Liter Kerosin verregnen lassen, ohne irgendwelche

Schadensersatzforderungen, während Sie als Bürger in den Ruin getrieben werden, wenn ihr Öltank leckt und Sie keine entsprechende Versicherung haben.

Sehen Sie, Menschen unterscheiden sich nun mal voneinander, dass weiß jeder. Es gibt nur Männer und Frauen. Ein drittes Geschlecht einzufügen ist nicht nur biologischer Unsinn, vielmehr wird es eine Art „Nebenkriegsschauplatz", um abzulenken.

Ich weiß nicht, wieviel Menschen es gibt, die sich als „divers" bezeichnen.

Solange das eine Meinung ist, hat man das zu akzeptieren. Doch darum geht es ja gar nicht, denn es scheint so, als ob die Gesellschaft über solche Sachverhalte dazu gebracht werden soll, die tatsächlich schwerwiegenden Dinge zu übersehen.

Der Streit, das Geschrei, alles ist notwendig für das große Ziel der Ablenkung.

Jeder, aber auch wirklich jeder, der heute herumheult und vor der Klimakatastrophe warnt, ist entweder zu dämlich zu erfassen, worum es wirklich geht, oder er nimmt die Menschenverachtung dieser Klimalumpen ernst und hofft für sich und die Seinen auf einen Platz in den Höhlen, wenn eine Katastrophe tatsächlich eintreten sollte.

Ich bin fest davon überzeugt, ein Atomkrieg ist näher als der Zusammenbruch des Systems, was immer dieser Herr auch darunter verstehen mag.

Alle anderen haben sich als Menschen, alle von der gleichen Art, mit den gleichen Rechten, ihrem kosmischen Schicksal zu stellen. Keiner weiß, wie das aussehen wird, aber einer unserer Vernünftigen hat schon vor langer Zeit verkündet, alles Leben ist Problemlösen.

P. J. O'Rourke hat diesbezüglich ein wunderbares Buch schon vor Jahren geschrieben, es trägt den Titel „Alle Sorgen dieser Welt".

Viel wichtiger erachte ich die Sachverhalte, die ausdrücken, wie wir als Menschen, Männer und Frauen, miteinander umgehen. Wir können aus unseren sozialen Rollen nicht ohne Weiteres ausbrechen. Wir können aber mit Würde und Anstand, mit Respekt und Achtung miteinander umgehen. Dazu braucht es auch eine gewisse Selbstkritik und Zurückhaltung.

Unsere biologische Verschiedenheit ist unauflöslich.

Es kommt darauf an, wie wir miteinander umgehen, es geht um Respekt, Wertschätzung und Mitmenschlichkeit.

Auch dafür ein Beispiel.

Stellen Sie sich Folgendes vor. Also als Fiktion!

Sie arbeiten in einem netten sauberen Betrieb, sind glücklich, Betriebsklima und Geld stimmen.

Mehrheitlich sind die Beschäftigten Frauen und junge Frauen. Sie kommen mit allen gut aus, Ihr Chef ist ein Pfundskerl, erst letztlich hat er Ihnen ein paar freie Tage zusätzlich gegönnt, damit Sie Ihr neues Wohnmobil ausprobieren konnten.

Alle sind offenbar zufrieden. Es gibt kleinere Flachsereien mit den Jüngeren, denn die verschönern tatsächlich Ihren Alltag. Jeden Tag können Sie mindestens einmal lachen.

Weil es die Geschäftslage erlaubt und das Arbeitskollektiv sich darauf freut, machen alle einen Betriebsausflug.

In irgendeine Gaststätte, gutes Essen, gute Laune, wunderbarer Tag – Gemeinschaftsfoto.

Einer hat einen Fotoapparat dabei und Sie nehmen Aufstellung.

Der Fotograf plärrt: „Rückt doch alle mal ein bisschen zusammen!"

Da sagt eine der älteren Frauen: „He, die Mädels können sich doch vorne hinknien."

Der Fotograf: „Passt, Cheese ..." Klick.

Sie stehen neben Ihrem Chef und der sagt plötzlich zu Ihnen:

„Hugo...", (ich nenne Sie kurz mal so), „... also Hugo, es ist schön, wenn die jungen Dinger so vor einem knien. Schade nur, dass sie alle in die falsche Richtung schauen."

Wieherndes Gelächter aller Frauen, auch der jungen.

Wie reagieren Sie?
Es ist natürlich Ihre Sache, aber wenn Sie jetzt loslegen, Ihren Chef mit Klage überziehen, die Medien einschalten und alles als ungeheures Menschheitsverbrechen aufblasen, dann sind Sie auf der Seite der grün-roten Frauen.

Wir sollten nicht vergessen, durch die Sozialisation sind wir geworden, was wir heute sind. So wenig wir unsere Geschichte verlassen können, sowenig kommen wir aus unserem Rollenverhalten heraus.
Keine Frage, die Rollen verändern sich stetig, genau wie die Zeit. Doch wir bleiben Männer und Frauen und nur wir sind es, die einander das jeweilige Leben liebenswerter, stressfreier und ohne Herabwürdigung gestalten können.

Das beginnt mit Worten und endet mit Handlungen. Es schließt die Verfehlung und auch die Verzeihung mit ein.

Wenn zwischen Mann und Frau die schönste Sache der Welt ausgeführt wird, dann ist das natürlich die pure Lust, biologisch jedoch ist es die Handlung, die die Art erhält.

Dabei sind wir aber so was von ungleich.
Doch gibt es da einen Bereich, der meine Vorstellungen von Gleichheit in die Wüste des nicht mehr Verstehens führt.

Ich weiß zum Beispiel nicht, ob Schwangerschaftsabbrüche ein Recht der Frau sind oder ob der Mann auch dazu gehört werden muss? Ist der Fötus tatsächlich nur ein Zellklumpen?

Im Laufe meines Lebens habe ich viele Schicksale von Frauen kennengelernt, die hinsichtlich von ungewollter Schwangerschaft furchtbar waren.

Ich habe Schicksale von ungewollten Kindern erfahren, deren Kindheit sich zwischen Kinderheim am Tag und Krankenhaus in der Nacht abgespielt hat.

Trotzdem frage ich, gehört der Körper einer schwangeren Frau tatsächlich nur ihr?

Ist ein Schwangerschaftsabbruch bis zur und auch noch nach der Geburt (Virginia) wirklich menschlich?

Überlagert das Selbstbestimmungsrecht die Gleichberechtigung?

Ich weiß keine Antwort, aber ich verstehe jetzt viele konservative Amerikaner.

Vorschlag 9

Diskutieren Sie doch einmal in Ihrer Familie mit Frau und Kindern (Söhne und Töchter), wie weit für Sie die Gleichberechtigung bzw. Gleichbehandlung gehen könnte.

Versuchen Sie auch herauszufinden, wie 2 Parteien Ihrer Wahl sich zu diesem Thema positionieren.

Wenn Sie mutig sind, sagen Sie Ihre Meinung mal öffentlich.

Kapitel 9: Der Mensch, die Wirtschaftsordnung und die Demokratie

Hier geht es um eine allgemeine Beschreibung unserer sozialen Ordnung, dann widmen wir uns der Wirtschaftsordnung, wie sie ist und wie sie sein sollte. Ich versuche zu zeigen, wie der einzelne Mensch sich in dieser Ordnung seinen Platz erobert und wie er ihn wieder verlieren kann.

Ich zitiere Ihnen noch einmal eine kurze Passage aus Ludwig Erhards Werk und hoffe sehr auf Ihre Zuneigung für diesen großen Mann. Dann betrachten wir noch in aller Kürze die Wirtschaftsordnung, welche man Liberalismus nennt.

Vor dieser Ordnung würde ich Ihnen gerne die Angst nehmen, doch ich weiß, wie lange ich gebraucht habe, um mich damit anzufreunden.

Sehen Sie, dieses Buch soll auch dazu dienen, deutlich zu machen, welch gefährlicher Ort ein Land mit einem vermeintlichen Rechtsstaat sein kann.

Auch wenn wir noch so viele Grundrechte haben, sie nützen alle nichts, wenn das Grundverständnis für sie fehlt.

Eine Gesellschaft muss immer mit allen Gruppen im Gespräch bleiben, was bedeutet, die Abgeordneten des Bundestages sind die Abgeordneten des Volkes, die Regierung ist nicht bloß die Regierung für eine einzelne Gruppe, sondern die Regierung aller Deutschen, und die vertritt der Kanzler in seiner politischen Tätigkeit.

Um das zu erreichen, muss das Grundgesetz nicht nur gekannt werden, es muss ebenso respektiert und gelebt werden.

Natürlich müssen die demokratischen Institutionen respektiert werden, doch die Menschen, die diese Institutionen repräsentieren, die sind ebenfalls an das Grundgesetz gebunden.

Dabei vermittelt das Grundgesetz in seiner Gesamtheit Werte, die sich an Sitten und Moral der Menschen orientieren. Es geht dabei nicht nur um den Wortlaut der Grundrechte, es geht auch darum, was richtig und was falsch ist.

Wie immer ein Beispiel aus der jüngeren Geschichte.

Jeder Mensch handelt den lieben langen Tag und ist sich manchmal der Konsequenzen gar nicht bewusst. Kommen Sie so in Teufels Küche, so ist das mehr oder weniger unbewusst und man fragt sich hinterher, wie konnte das nur passieren.

Richtig schmutzig wird es allerdings, wenn Sie überzeugt sind, nichts falsch gemacht zu haben und ebenso felsenfest meinen, Sie seien im Recht.

Erinnern Sie sich noch, als unser Mautsystem eingeführt wurde?
Erst stritten sich die verschiedensten Experten, ob dieses technische Meisterwerk überhaupt funktionieren würde. Doch die Firma, die im Auftrag des Staates arbeitete, leistete gute Arbeit und noch heute funktioniert alles tadelsfrei.

Wenn aber der Staat mit Privatfirmen zusammenarbeitet, dann wird nicht gekleckert, sondern geklotzt. Was der Staat für das ganze System bezahlt hat, weiß ich nicht, ist auch egal.

Jedenfalls, so nach einiger Zeit fiel einem Verwaltungsmitarbeiter der ausführenden Firma auf, der Staat hatte so rund eine Million zu viel bezahlt.

Anständig wie der Mitarbeiter war, meldete er das seinem Chef und der muss wohl ungefähr so reagiert haben: Maul halten, Kopf senken, weiterarbeiten …

Offensichtlich fühlte sich der Mitarbeiter in dieser Situation als Staatsbürger oder er musste gerade seinen Bescheid der Steuererklärung ausgleichen, jedenfalls informierte er das entsprechende Ministerium.

Eine Million ist eine Million.

Ein Herr des Ministeriums erschien, begutachtete den Sachverhalt und entschied, das Geld kann die Firma behalten. Das in etwa ist die Kurzform.
    Die lange Version kam sogar im öffentlich-rechtlichen Fernsehen, allerdings war das schon vor einigen Jahren.

Der Mitarbeiter bekam erst einen Arbeitsplatz im Keller und dann, auch wenn es sicherlich dem Unternehmen schwerfiel, versuchte es die Firma ohne diesen Mitarbeiter.
    Zusammengefasst als Essenz: ein Arbeitsloser mehr und eine Million mehr auf dem Konto des Unternehmers. Der Staat hatte eine Million verloren.

Welche Schlussfolgerung ziehen Sie aus dem eben Gesagten?

Richtig, man kann auch etwas Richtiges zur falschen Zeit, am falschen Ort tun und dann ist man in der Bundesrepublik am Arsch. Ich bitte den Ausdruck abermals zu entschuldigen.

Kein Rechtsanwalt, kein Rechtsstaat hilft da. Im Gegenteil, es ist der Rechtsstaat, der Sie da k. o. schlägt.
    Viele denken dann, Scheißkapitalismus, denn das sollen sie auch denken. Nur der war gar nicht schuld. Es sind die verschiedenen Menschen, die sich schuldig gemacht haben an der Deformation unserer Gesellschaft.
    In diesem Fall hatte der Bürger richtig gehandelt, der Unternehmer lag völlig falsch, denn die Million gehörte in die Staatskasse, und der Staatsdiener gehört in die Schlange beim Arbeitsamt.

Jeder Staatsbürger muss in einer kaputten Gesellschaft abwägen, welche Konsequenzen seine Handlungen haben und, das ist das Schöne, er hat damit eine Erklärung dafür, warum die Welt so ist, wie sie ist.

Es ist der Mensch, der handelt, nicht die Institution.

Obwohl ich schon ein Beispiel vorgebracht habe, noch eines aus aktuellem Anlass.

Kennen Sie noch einen gewissen Herrn Scheuer?

Na klar, der mit den Elektrorollern!

Dieser Herr hat auch das Desaster mit der Pkw-Maut zu verantworten, wobei ich noch genau in Erinnerung habe, wie viele Fachleute damals Herrn Scheuer davor gewarnt haben, die entsprechenden Verträge zu unterschrieben.

Er hat aber unterschrieben und wir dürfen ihn deswegen keinesfalls Strolch nennen.

Heute haben wir diesbezüglich einen Schaden von deutlich über 200 Millionen festzuhalten und unser Staat meint, es gäbe keine Möglichkeit, das Geld zurückzubekommen.

Weshalb Herr Scheuer auch keinen Schadenersatz leisten muss.

Das ist übrigens kein Einzelfall!

Ich frage mich da immer, sind solche Leute tatsächlich so neben der Spur, oder haben sie im Verborgenen doch etwas von solchen Aktionen?

Doch zurück zum Thema.

Unser Grundgesetz legt den Staat nicht auf eine bestimmte Wirtschaftsordnung fest, wenn wir wollten, könnten wir sogar zur Planwirtschaft zurückkehren.

Wir haben eine freiheitliche Ordnung und der Staat schafft Rahmenbedingungen, die das wirtschaftliche Miteinander auf freiheitlicher Basis regeln.

So sollte es eigentlich sein. Leider ist das aber nicht so, weil für Politiker häufig andere Rahmenbedingungen gelten.

Und genau innerhalb dieser verschiedenen rechtlichen Rahmen bewegt sich der Bürger und natürlich der gewiefte Unternehmer mit seinen sauteuren Anwälten.

Woran Sie schon ersehen können, von Gleichheit kann keine Rede sein.

Außerdem ist festzuhalten, der menschliche Egoismus ist ein ungeheuer starker Antrieb, um das Leben lebenswerter zu machen. Doch dieser Egoismus muss durch Sitten, Moral und über das Recht gebändigt werden.

Wer glaubt, lediglich die Rechtsordnung reiche zur Disziplinierung aus, der landet in unserem Staat, so wie er jetzt ist. Weshalb Herr Scheuer auch nicht belangt wird, hat er doch anscheinend gegen kein Gesetz verstossen.

Würden wir über Moral verfügen oder über Sittlichkeit, sähe es wahrscheinlich anders aus.

Also lernen wir.

In unserer Gesellschaftsordnung ist es außerordentlich hilfreich, wenn man reich ist, oder Macht hat.

Fressen und gefressen werden gilt noch, ist aber erweitert worden.

Nimm, was du kriegen kannst, der Gewinner kriegt alles, sei großzügig an der richtigen Stelle und erbarmungslos, wenn es an die eigenen Fleischtöpfe geht, vernetze dich gut, Freunde an entscheidenden Knotenpunkten von Gesellschaft und Politik sind die Garanten der persönlichen Wohlfahrt, leg dich nicht mit dem Staat an, dort hat man Freunde zu haben.

So in etwa lautet das Credo der wirklich morallosen Mächtigen aus Wirtschaft und Politik und Gesellschaft.

Der Bürger jedoch, der die soziale Ordnung trägt und ausfüllt, folgt in jeder funktionierenden Gesellschaft anderen Maximen.

Schauen Sie, unsere soziale Ordnung basiert eigentlich auf drei Säulen.

In der derzeitigen Realität existiert jedoch nur eine Säule und das ist der Rechtsstaat. Vergessen Sie als Staatsbürger nie, recht haben und Recht bekommen sind zweierlei.

Der Spruch, der mir aber am besten gefällt, der lautet: Vor Gericht und auf hoher See sind Sie in Gottes Hand.

Die beiden vergessenen Säulen sind übrigens die Sitten und die Moral.

Der beste Wirtschaftsminister, den die Bundesrepublik je hatte, der die Grundlagen geschaffen hatte, damit dieses Land sich aus der Asche von Weltkrieg two wieder erheben konnte, also unser Ludwig, der wollte das, was heute als „soziale Marktwirtschaft" existiert, absolut nicht in dieser Form. Er hätte mit großer Wahrscheinlichkeit vieles abgelehnt, denn Anstand und Moral waren Wesenszüge von ihm und von Sittlichkeit und Sitten verstand er auch was.

Er hat viel erreicht und jeder Deutsche hat Grund genug, diesem Mann ein ehrendes Andenken zu bewahren. Aber letztendlich ist er nicht nur als zweiter Kanzler, sondern auch als Wirtschaftsminister gescheitert – an den gesellschaftlichen Bedingungen und an den Menschen.

Warum?

Er war ein weicher, guter Mensch.

Seine formierte Gesellschaft hat nie den Weg in die Köpfe der Menschen gefunden, ich sagte es bereits.

Sein wichtigstes Gesetz, das Gesetz über die Wettbewerbsbeschränkungen, wurde von den mächtigen Interessensgruppen der Unternehmer kastriert und die Gewerkschaften wollten lieber Kohle.

Ich zitiere aus seinem Werk „Wohlstand für alle":

„Wenn die Löhne nur an einer Stelle der Volkswirtschaft davonlaufen, dann werden sie an einer anderen Ecke nicht mehr zu halten sein. Das besagt, dass es nicht möglich ist und folglich auch nicht geschehen darf, in irgendeinem Wirtschaftszweig Lohnforderungen in der Größenordnung X zu gewähren, wenn andere Bereiche nur in der Lage sind, bestenfalls 1/2 X oder nur 1/4 X zuzugestehen, wenn nicht Preissteigerungen Platz greifen sollen.

Es ist unverantwortlich, einen heute vielleicht sogar reali-sierbaren Preis einfach davonlaufen zu lassen oder in falscher unternehmerischer Einstellung zu glauben, solche konjunk-turbegünstigte Situation bis zum letzten ausnutzen zu sollen."

So was nennt man Moral und Anstand.

Vergleichen Sie diesbezüglich einmal das Verhalten von ver-schiedenen Vorstandsvorsitzenden und von unterschiedlichen Gewerkschaftsverbänden.

Sollten Sie tatsächlich erfassen wollen, was Erhard wollte, dann müssen Sie die Volkswirtschaftler lesen, die ihn geprägt haben.

Zuerst seinen Doktorvater, Franz Oppenheimer. Dort klingt noch vieles nach marktwirtschaftlichem Sozialismus.

Anders bei Wilhelm Röpke. Ein ganz Großer, der zu den we-nigen gehörte, die lieber ihre Heimat verlassen haben, als den Nazis zu dienen.
Wenn Sie mal eines von Röpkes Büchern in die Hände be-kommen, so werden Sie über die Klarheit und, ich will es ruhig sagen, über die moralische Reinheit erstaunt sein. Und natür-lich Alexander Rüstow, der mit Röpke zusammenarbeitete und mit diesem das Exil in der Türkei geteilt hat.
Man könnte meinen, diese drei bilden eigentlich das wis-senschaftliche Gerüst der sozialen Marktwirtschaft, die es lei-der nicht gibt.

Es fehlt aber noch einer, der Allergrößte, wenn Sie so wollen, und das ist Ludwig von Mises. Dieser große österreichische Na-tionalökonom hat ein Werk hinterlassen, das eigentlich ein Ge-schenk an die Menschheit ist.
Aber wie das halt so mit manchen Geschenken ist.
Die Welt in ihrer Gesamtheit scheint nicht nur unfähig, aus Katastrophen zu lernen, nein, sie scheint auch generell nicht

bereit zu sein, wissenschaftliche Erkenntnisse, die der Allgemeinheit dienen, anzuerkennen.

Seit 1989 habe ich versucht zu verstehen, was Erhard mit der sozialen Marktwirtschaft eigentlich gemeint hat.

Heute kann ich es in einem Satz sagen.

So viel Freiheit wie möglich, so viel Staat wie nötig.

Hoffentlich begreifen Sie, wie schwerwiegend dieser Satz auf uns lastet.

Da steckt ein Lehrgebäude drin, für das mehrere Bibliotheken nicht ausreichen, denn es geht nicht nur um Wirtschaft, es geht vor allen um die Menschen, ihre Verhaltensweisen und es geht um die, die tatsächlich über Einfluss verfügen.

Wenn wir unsere neue Verfassung schaffen, wenn wir wollen, dass wenigstens in Zukunft es einmal Generationen gibt, die ohne Krieg auskommen, dann müssen wir die soziale Marktwirtschaft, die zur liberalen Marktwirtschaft werden soll, in der Verfassung festschreiben.

Gleichzeitig müssen wir dafür sorgen, dass die Menschen diese „Gebäude" auch verstehen, und das gelingt nur, wenn alle permanent lernen.

Ja, ich weiß. Wir wollten nur den Volksentscheid bezüglich der Regierungsbeurteilung.

Dabei soll es auch bleiben. Nur, die Konsequenz daraus ist, wenn wir für immer bescheiden bleiben, dann werden wir die Menschen, die bewusst als Politiker den Staat betrügen und so ihr eigenes Süppchen kochen, nicht zu fassen kriegen.

Es geht nur Schritt für Schritt.

Ist der Volksentscheid nach 100 Tagen und der nach zwei Jahren einmal etabliert und hat sich bewährt, dann werden wir die Beurteilung der Regierung ausweiten können.

Ich sage das mit trauriger Stimme, aber es wird noch viel Zeit vergehen, bis einmal in einer Demokratie die Mächtigen keine Geheimnisse mehr vor ihrem Souverän haben dürfen.

Aber ich höre Ihren Aufschrei bezüglich des Liberalismus!

Liberalismus, pfui Teufel, scher dich zurück in das Loch, aus dem du gekrochen bist, werden Sie vielleicht sagen.

Lassen Sie mich nur eines erklären, ausgerechnet in der sogenannten sozialen Marktwirtschaft der Bundesrepublik Deutschland ist der Liberalismus geschmäht und verteufelt worden, wie es nicht einmal die Kommunisten fertiggebracht haben.
Aber was will man von Kommunisten wirtschaftlich überhaupt erwarten? Eine Wirtschaft, in der die Staatseingriffe dominieren, die immer die Märkte zerstören und die Menschen verbiegen.

Der gesamte Sozialismus des Ostblocks ist nicht nur an inneren Widersprüchen und Strukturfehlern gescheitert.
Auch die Menschen haben ihren Teil dazu beigetragen. Viele haben ihre Gier ausgelebt, habe genommen, was sie kriegen konnten, haben gelogen und betrogen, wenn es ging und es keiner gemerkt hat.
Am Ende waren aber alle Unterdrückte, die einen mehr und die anderen halt weniger.

Lassen Sie uns an dieser Stelle nicht vergessen, kurz vor der Einheit, also zu Zeiten des Begrüßungsgeldes, waren es die Ostdeutschen, die ihre westdeutschen Brüder und Schwestern um fast eine halbe Milliarde beschissen haben, weil eine Vielzahl mehr als einmal die Hand aufgehalten hat.

Dafür werde ich mich mein Leben lang schämen.

Die eigentliche Ursache jedoch, die zum Scheitern des Sozialismus führen musste, war und ist dessen Unfähigkeit, Marktpreise zu bilden. Das hat Ludwig von Mises bereits Anfang des 20. Jahrhunderts eindeutig nachgewiesen. Er ist der Begründer der liberalen Ökonomie, an der sich heute nahezu jeder die Füße abtritt, freilich ohne den Liberalismus als Wirtschaftsordnung je verstanden zu haben.

Ich weiß, ich weiß, Sie haben da wahrscheinlich eine andere Meinung.

Deshalb erst mal genug davon.

Wenn mir der Herrgott die Zeit gibt, dann schreibe ich nochmals ein Buch, ein Erklärbuch über den Liberalismus.

Ob die soziale Marktwirtschaft, wie Erhard sie wollte, je wieder funktionieren kann, weiß ich nicht.

Es ging Erhard im Grunde um die Aussöhnung zwischen Arbeit und Kapital auf der Basis der menschlichen Vernunft.

Wie weit wir davon noch entfernt sind, können Sie anhand der Steigerungsraten von Löhnen der Arbeiter auf der einen Seite und den Steigerungen der Vergütungen von Managern auf der anderen Seite ersehen und das Ganze dann in Relation zur Preisniveaustabilität setzen, wenn Sie wollen.

Der alte Platon soll mal gesagt haben, ein Verhältnis von 1 zu 20 zwischen arm und reich hält die Gesellschaft zusammen.

Sollte das so sein, so sind wir aber so was von drüber.

Was soll demzufolge der Staatsbürger in der Marktwirtschaft tun?

Nun zuallererst muss er befähigt für eine Arbeit sein und das muss an die nachfolgenden Generationen weitergegeben werden.

Die Arbeit eines Menschen innerhalb der Arbeitsteilung weist in der Marktwirtschaft dem Menschen seinen Platz zu.

Deshalb ist in einer liberalen Wirtschaftsordnung nicht die Individualität des Einzelnen von Bedeutung, sondern seine Nützlichkeit der Gemeinschaft gegenüber.

Jede Generation muss begreifen, nicht der Staat erzeugt den Reichtum, sondern der Bürger. Alles, was der Staat verteilt, muss er vorher dem Bürger genommen haben.

Freiheit und Selbstbestimmung können nur auf der Basis der Arbeit entstehen, die der Einzelne ausführt. Natürlich kommt dabei dem Staat mit seiner Norm- und Rechtsetzung im gesamten gesellschaftlichen Zusammenleben eine wichtige Funktion zu.

Die stetige Alimentation bestimmter Bevölkerungsgruppen deformiert, besser korrumpiert den einzelnen in dem Moment, wo er staatliche Hilfe annimmt, obwohl er sie gar nicht braucht.

Durch schlechte Schulen können viele Menschen ihren Platz im Arbeitsleben nicht mehr finden, einfach weil ihre Fähigkeiten verkümmern, und so werden sie immer den Staat nötig haben.

Durch die ungezügelte Zuwanderung von Armen aus aller Welt wird der Staat genötigt sein, seine Staatsbürger weiterhin wirtschaftlich auszubeuten. Die Berechnungen liegen bereits vor und die gesamte Zuwanderung wird ein riesiges finanzielles Verlustgeschäft, wobei keineswegs klar ist, ob diese Aufgabe überhaupt bewältigt werden kann.

Aber die Aufgaben des Staates müssen reduziert und nicht erweitert werden.

Niemand sagt, das sei eine leichte Aufgabe, dies ist ein mühevoller und langwieriger Prozess. Nur vergessen Sie niemals, es ist der Staat, der uns in den nächsten Krieg hetzt, nicht der Liberalismus oder Kapitalismus.

Deshalb müssen Sie sich, wie bereits vorher schon ausführlich besprochen, für die Schulen interessieren, auf die ihre Kinder gehen. Denn dort muss der Wirtschaftsbürger geprägt werden.

Nach der Schule, klar, wenn es geht, Studium, Berufsausbildung, ein Handwerk erlernen. Und sich Glück wünschen, damit man nicht im Wege ist, wenn der Great Reset kommt.

Letztlich muss der Mensch immer wieder bestrebt sein, seine Nützlichkeit für seine Mitmenschen wahrzunehmen, selbst wenn das nicht alle können.

Dann ist darauf zu achten, inwieweit die KI sich entwickelt. Wenn wir so weitermachen wie bis jetzt, dann landen wir wieder bei Brot und Spielen, weil kaum noch jemand gebraucht wird.

Lassen Sie sich nicht blöde machen von denen, die da behaupten, durch die KI entstünden jede Menge neuer Arbeitsplätze.

Wenn ein Roboter monotone oder auch gefährliche Arbeit ausführen kann, wenn er Treppen steigt und rennt, wenn er im Schachspiel nur noch von einem Großmeister geschlagen werden kann und wenn er, wie neulich behauptet, bald selbstständig Texte zu jedem beliebigen Thema schreiben kann, wo kaum noch zu unterscheiden ist, ob das ein Roboter oder ein Mensch geschrieben hat, dann sollten wir schon mal nachdenken und Obacht sagen.

Es ist keine inhaltsleere Floskel, dass der Mensch sein Leben lang lernen muss.

Niemand kommt um seine Informationspflicht herum, auf deren Grundlage er hoffentlich seine Entscheidungen fällt, und keiner kann einmal getroffene Entscheidungen rückgängig machen, selbst wenn die Konsequenzen unvorhersehbar waren.

Die, die aus welchen Gründen auch immer, nicht an der Arbeitswelt teilnehmen können, brauchen die Hilfe und Unterstützung der Gemeinschaft. Doch sie sind dann nicht mehr ganz frei, denn die Gesellschaft kann nur bis zu einem gewissen Grad helfen.

Es ist eine Binsenweisheit, dass es immer Kluge und Dumme, Gesunde und Kranke, Fleißige und Faule, Glückskinder und Pechvögel geben wird.

Eine Gesellschaft von Gleichen ist der Friedhof.

Tja, wenig tröstlich und trotzdem bleibt es dabei, die Marktwirtschaft hat die Grundlage unserer gesamten Ökonomie zu bleiben!
Alles andere wird früher oder später scheitern.
Im Grunde müsste die Marktwirtschaft Verfassungsrang erhalten, und zwar damit der Staat sich Schritt für Schritt aus der Wirtschaft zurückziehen kann.
Das bedeutet keineswegs, dass der Staat ganz verschwindet, nein, der wird gebraucht für Aufgaben, die er erfüllen kann und muss.

Wichtig jedoch ist, der freie, schaffende Mensch muss in der liberalen Gesellschaft sein Wissen, Können und seine Fähigkeiten innerhalb der Arbeitsteilung zu seinem Wohle und zu dem der Gesellschaft einsetzen können, ohne staatliche Bevormundung.

Ja, um es ganz deutlich zu sagen, es ist der Egoismus des Einzelnen, sein Wunsch, sein Leben besser zu gestalten, der die Gemeinschaft antreibt und zu Wohlstand führt.

Der durch Leistung zu Wohlstand gelangte Bürger ist nicht der Feind, er ist der, der auch für jene, die nicht so viel wollen oder können, letztlich Arbeit und Auskommen erzeugt.
Dabei ist der Erfolgreiche nicht nur dem Rechtsstaat unterworfen, er hat Moral und Sitten zu beachten.

Jeder freie Mensch hat nicht nur den Frieden mit seinen Mitmenschen als Dauerzustand des Lebens im Fokus, er ist auch an einer gesunden und intakten Umwelt interessiert.
Schließlich ist es die Familie, die seine Lebensleistung weiterträgt, hoffentlich.

Erst wenn der Staat sich Aufgaben anmaßt, die ihm nicht zu stehen, dann wird der Staatsdiener zum Unterdrücker.

Viele wollen in unserer deformierten Gesellschaft nicht sehen, dass es ausgerechnet die immer ausufernde Alimentation durch den Staat ist, die aus uns Untertanen macht.

Schauen Sie sich doch all jene an, die irgendeine Organisation für die sogenannten „Armen" führen.

Egal ob Partei, Gewerkschaft oder Sozialdienst, überall ist es so wie in der Kirche.

Der oder die an der Spitze erhebt sich immer deutlich über diejenigen, die eben arm sind.

Man kann auch über die Armen reich werden und die Armen bleiben arm.

Nirgends wird das deutlicher als im Deutschland des Jahres 2024.

Ein letzter Gedanke von Ludwig von Mises.
Ich zitiere nicht wörtlich.

In einer liberalen Gesellschaft muss der tätige Mensch erkennen, wenn er seinen persönlichen Vorteil hinter den Vorteil der Gemeinschaft zurückstellen muss.

Vorschlag Nummer 10
Überprüfen Sie einmal genau anhand Ihrer wirtschaftlichen Situation, auf welche Leistungen des Staates Sie verzichten könnten. Erst mal nur theoretisch.

Kapitel 10: Wie aus einer Mücke ein Elefant wird: die Bundestags- und Kanzlerwahl

Hier geht es nochmals um den Zustand der Gesellschaft, den Art. 38 GG untersuchen wir näher und plaudern Interna aus der alltäglichen politischen Parteiarbeit aus.

Wir betrachten den Begriff der Koalition und den der Lobby, wobei wir erfahren, wie Gesetze tatsächlich entstehen. Natürlich geht es um die Nazis, die richtigen und die falschen, denn um die wird es in unserem Volk noch sehr lange gehen.

Das letzte Kapitel war leicht philosophisch angehaucht, weshalb wir uns nun wieder den Niederungen unseres Grundgesetzes zuwenden.

Wir haben ja schon von der wichtigsten Figur im politischen System der Deutschen gesprochen. Nun wollen wir sehen, wie er oder sie zum Bundeskanzler bzw. zur Bundeskanzlerin wird.

Alle 4 Jahre sind Bundestagswahlen. Wählen darf man mit Vollendung des 18. Lebensjahres und das sollte so bleiben.

Bei der Bundestagswahl hat jeder Bürger zwei Stimmen, die Erststimme für den jeweiligen Wahlkreiskandidaten. Den Wahlkreis gewinnt, wer die meisten Erststimmen bekommt. Eine reine Mehrheitswahl.

Mit der Zweitstimme ist es etwas komplizierter. Da wählen Sie nämlich eine Parteiliste. Wer da wo steht, kann Sie zwar interessieren, hat aber wenig Sinn, weil das Parteisache ist. Je weiter einer der Kandidaten oben, in der Nähe der Nummer 1, steht, desto größer die Chancen, in den Bundestag zu kommen. Das wiederum ist eine Verhältniswahl. Man muss sich keineswegs für die Berechnung hinsichtlich der Mandatsverteilung interessieren, weil Sie eh nichts damit zu tun haben. Sie müssen lediglich zwei Kreuze auf dem etwa anderthalb Meter langen Wahlzettel machen, am besten mit ihrem eigenen Kugelschreiber.

Und das war es dann. Sie gehen danach nach Hause und schauen sich in der Hauptnachrichtensendung des Fernsehens an, wer warum und wie gewonnen hat.

Um die Plätze auf der Parteiliste wird parteiintern gekämpft – manchmal sogar mit großer Erbitterung.

Will man über eine Partei zu einem Mandat kommen, also zu einem Sitz in einem Parlament, dann braucht man eine Hausmacht. Günstig ist es, die Leute aus der jeweiligen Parteispitze auf seiner Seite zu haben. Unterstützen die einen Bewerber, dann geht alles leichter, doch gilt, nichts ist umsonst.

Es genügt da keineswegs, Sie selbst zu sein. Das „Bauchpinseln" der Führungsriege ist harte politische Arbeit.

Adenauer, Sie wissen noch, unser erster Kanzler, war ein Meister darin, Menschen einzufangen, sie von sich abhängig zu machen, sie zu benutzen, und wenn kein Nutzen mehr zu erwarten war, dann hat unser Conny die Leute zusammengefaltet wie ein Taschentuch und entsorgt, sprich, in die politische Bedeutungslosigkeit entlassen.

Will eine Partei den Kanzler stellen, muss sie über 50 Prozent der Sitze im Bundestag verfügen. Normalerweise wären das mindestens 301 Sitze, da die politische Elite aber über 700 Sitze erzeugt hat, sind 50 Prozent doch etwas mehr.

In Deutschland wird nun mit der Erst- und Zweitstimme so gewählt, dass kaum eine Partei alleine über die 50 Prozent kommt, demzufolge bildet man Bündnisse, um das zu erreichen. Das nennt man dann eine Koalition. Wir hatten das ja schon mal.

Putzig ist nun, dass mit dieser Regelung auch kleine Parteien an Bedeutung gewinnen, indem sie zu Mehrheitsbeschaffern werden.

Das ist der Grund, warum eine Partei, die relativ kleine Bevölkerungsanteile vertritt, vielleicht bei der Bundestagswahl gerade knapp über die 5 %-Hürde kommt und trotzdem Jahrzehnte mitregieren kann.

Was jedoch bedeutet, sie kann in der Koalition nur geringfügig ihr Programm umsetzen, da der größere Teil auch die größere Mitbestimmung hat. Doch die Abgeordneten der kleineren Partei haben nur Vorteile. Sie sind wunderbar versorgt und wenn ihre Wähler mokieren, nichts von den Wahlversprechen sei umgesetzt, dann waren das eben die Anderen, die Großen.

Die FDP hat es so zu einer wahren Meisterschaft gebracht.

Die 5 %-Hürde meint übrigens, jede Partei, die Sitze im Bundestag will, muss mindestens 5 % der Zweitstimmen auf sich vereinigen. Eine Sonderregelung gibt es da noch: Wer drei Direktmandate in irgendwelchen Wahlkreisen gewinnt, dessen Zweitstimmen werden bei der Sitzverteilung doch noch berücksichtigt.

Dann gibts da noch die sogenannten Überhangsmandate, die entstehen, wenn eine Partei mehr Sitze über die Wahlkreise gewonnen hat, als ihr nach dem Zweitstimmenergebnis eigentlich zustehen.

Das klingt komplizierter, als es ist. Ich will Sie jedoch nicht weiter langweilen, zumal das Bundesverfassungsgericht schon mehrmals deutlich angemahnt hat, bezüglich der Überhangsmandate das Wahlgesetz zu ändern.

Diesen Ruf der höchsten Richter in Deutschland überhören jedoch die Abgeordneten, denn damit geht es um die Fleischtöpfe und da hört der Spaß auf. Wobei anzumerken ist, ansonsten haben die Mitglieder des Bundestages ein außerordentlich feines Gehör.

Es gibt in Bayern einen Ministerpräsidenten, der bei einer Wahl, wo er über 10 Prozentpunkte gegenüber seinem Vorgänger verlor, trotzdem noch den Ruf des Wählers hörte.

Das Gehör eines Uhus ist dagegen geradezu primitiv.

Sie können natürlich entsprechend des Wahlgesetzes als Privatperson versuchen, sich in den Bundestag wählen zu lassen.

Doch dann gilt, Cobra, Verzeihung, Bürger, übernehmen Sie, Ihre Chance ist gleich Null.

Ist aus einer alten Fernsehserie.

Nun aber Scherz beiseite, wollen Sie tatsächlich eine politische Karriere starten, dann brauchen Sie eine Partei. Nur die hat das notwendige finanzielle, vor allem aber das sachliche Kapital, welches dann bestimmte Chancen verspricht.

Jedoch kommen Sie nur durch Wohlverhalten an dieses Kapital, vor allem gegenüber der Parteispitze. Sobald Sie sich einer Partei angeschlossen haben, sind Ihrem Denken zusätzliche Schranken gesetzt.

Das nennt man auch Loyalität und das schließt ein, auch mal eine Kröte zu schlucken, oder zwei oder noch mehr. Je nachdem, wie autoritär die jeweilige Parteispitze ist.

Um das Ganze mit einem aktuellen Beispiel zu unterfüttern, alle SPD-Bundestagsabgeordneten müssen heute zu ihrem Cum-Ex-Kanzler stehen und öffentlich herum heucheln, was es doch für eine Sauerei ist, einem so integren Mann wie Olaf mit solchen Verdächtigungen zu kommen. Da kann Oliver Schröm geschrieben und geforscht haben, was immer er will.

Selbst wenn unser Olaf sich in Untersuchungsausschüssen so oft nicht erinnern kann, dass man um seine Gesundheit fürchten muss, hat man zu ihm zu stehen.

Das gilt nicht nur für die SPD, nein, alle Parteien arbeiten nach diesem Muster.

Ob hieraus das Bonmot entstanden ist, Politik sei eine Hure, entzieht sich meiner Kenntnis.

Mit dem jeweiligen Parteiprogramm müssen Sie sich keineswegs beschäftigen, kennen doch die meisten Abgeordneten das ihrige auch nicht.

Sollten sie es doch kennen, nun, dann spielt es in der aktuellen Tagespolitik sowie so keine Rolle und man setzt fest darauf, alles wird schon seinen Gang gehen.

Das ist der Grund, warum die CDU so eigenartig mit dem Christentum umgeht, und die SPD so tut, als habe sie was mit Arbeitern zu tun.

Am besten ist es, Sie sehen gut aus, können müssen Sie nicht unbedingt etwas, denn als Neuling sitzen Sie auf den hinteren Bänken und halten am besten den Mund.

Manch einer kann da Jahrzehnte verbringen, bestens versorgt und fern jeglicher körperlicher Anstrengung.

Man verliert dann zwar leicht den Kontakt zum Volk, aber ich bitte Sie.

Am Anfang des Buches habe ich auf die schöne Bemerkung von Brecht verwiesen, wo die Regierung sich doch ein neues Volk wählen soll

Nun, dies ist der Grund, warum nach Deutschland immer noch der ungeregelte Zuzug von Armen aus aller Welt anhält, weil Grüne und SPD auf die Neuankömmlinge als Wähler hoffen.

Nach neuesten Berechnungen wird das die deutschen Steuerzahler Billionen kosten, doch da wir die verpulverten Milliarden in der Vergangenheit schon nicht hatten, kommt es darauf nun auch nicht mehr an.

Jedenfalls haben die Abgeordneten eine Reihe offensichtlicher Vorteile.

Zuallererst richtet sich der Abgeordnete ein. Er reizt sämtliche Vergünstigungen bis zu letzten Cent aus, denn das ist sein gutes Recht.

Büro, Beförderungsmittel, Mitarbeiter.

Es beginnt eine Zeit der Fettlebe, vergleichbar dem kalendarischen Herbst, wenn die Eicheln und die Kastanien von den Bäumen fallen. Dann mästen sich bestimmte Tiere des Waldes und setzen Speck an.

Dazu nur zwei Beispiele aus dem Europaparlament.

Die dortigen Abgeordneten bekommen jeden Tag eine feste Menge Geldes, nur damit sie von Brüssel nach Straßburg fahren können und wieder zurück. Selbst dann, wenn sie gar nicht fahren.

Und wenn ich richtig informiert bin, gibt es auch einen Betrag zu Weihnachten, damit sie Geschenke kaufen können.

Das habe ich mal in dem Buch „Die Abzocker". gelesen. Wenn es jetzt anders ist, dann entschuldige ich mich.

Als ich zum ersten Mal gehört habe, warum die Diäten, also die monatliche Vergütung der Abgeordneten, so sinnlos hoch ist, war ich einem Infarkt nahe vor Lachen, ich schwöre es.

Die Diäten seien deshalb so hoch, weil sonst die klugen Menschen nicht in die Politik, sondern in die Wirtschaft abwandern würden.

Das müssen Sie schon ein wenig sacken lassen.

Da ist nicht mal die SED draufgekommen.

Also, im Bundestag wird so gut bezahlt, weil die klugen Leute sonst nicht mehr Politik machen würden, sondern sie würden arbeiten gehen.

Dies bedeutet zweierlei. Ersten suggeriert es, die Abgeordneten seien klug, und zweitens, sie kämen ohne Weiteres im Arbeitsleben zurecht.

Da brat mir einer einen Storch.

Was man einem großen Teil den Damen und Herren Abgeordneten nicht absprechen kann, sie sind schlau, der Volksmund nennt das Bauernschläue.

Es gibt tatsächlich nur eine Minderheit, die offensichtlich dämlich ist, doch die haben es dann in sich.

Vielen der Abgeordneten muss man alles aufschreiben und die müssen das dann auswendig lernen, denn es kann sehr wohl vorkommen, dass die Medien anklopfen.

Die Parteilinie ist aus unsichtbaren Stahldraht. Hält man die nicht ein, wird es schnell blutig.

Vorsicht aber, wenn Sie gewählt sind. Sie müssen sich nicht nur in Ihrer Partei benehmen, Sie müssen auch darauf achten, dass Sie den Kontakt zu Ihrer Familie nicht verlieren.

Nicht etwa, dass Sie zur Einsamkeit verdammt werden, im Gegenteil.

Auf abendlichen Banketten ist die Versuchung groß, von all den Köstlichkeiten zu naschen, die da herumstehen.

Eventuelles Übergewicht ist da noch das Geringste ihrer Probleme.

Nicht wenige Ehen sind an der Politik zerschellt, obwohl sie doch für die Ewigkeit gemacht waren.

Jedenfalls muss dann diese geistige Elite, also alle Abgeordneten, den Bundeskanzler wählen, und das wird in den einzelnen Parteien genau abgesprochen. Da muss aber pariert werden. Im GG steht zwar, die Abgeordneten seien frei und nur ihrem Gewissen verpflichtet, doch vorsichtshalber hat der Bundestag dafür gesorgt, dass Abgeordnetenbestechung nicht strafbar ist.

Gewählt ist, wenn über 50 % der Abgeordneten für die jeweilige Person stimmen.

Im Grunde läuft es so ab: Der Bundespräsident, der den Wahlkampf zu beobachten hat, schlägt den Führer der Partei mit den meisten Stimmen zur Wahl vor, die wahrscheinlich über die 50 Prozent kommt oder eben Bündnisse bilden muss.

Der Bundeskanzler, sobald er von den Abgeordneten gewählt wurde, schlägt dann seine Minister vor, der Bundespräsident ernennt diese dann mit Hilfe eines Stückes Papier.

Schon ist die Regierung fertig.

Natürlich wird vorher, vor der Bundestagswahl, in den Parteien genau festgelegt, wer was macht, sofern man gewinnt.

Die Abgeordneten werden dann bestimmten Ausschüssen zugeteilt, um da die Gesetze vorzubereiten. Hat man sich in den Ausschüssen über ein Gesetz geeinigt, ist die Abstimmung dann Formasche, behaupten die Abgeordneten.

Eigentlich alles ganz einfach, überschaubar die Tätigkeit, wie erwähnt, gut bezahlt.

Den wirklichen Knüller habe ich aber noch gar nicht vorgestellt.

Sie brauchen weder Lebenserfahrung, Schulabschlüsse oder besondere Kenntnisse.

Nur Selbstbewusstsein, eine gewisse Rotzigkeit ist hilfreich und schon können Sie es bis zum Minister bringen.

Nur ein einziges allgemeines Beispiel hierfür.

Wenn Sie unsere Sprache etwa nicht besonders gut beherrschen, Schwierigkeiten bei der Wortbildung haben, geographische Längenangaben wie km nie verstanden haben, wenn Sie der Meinung sind, die Winkelsumme eines Kreises ist größer als 360 Grad und Ihr eigenes Volk so richtig verachten, keine Angst, in Deutschland reicht das locker für ein hohes Staatsamt. Wichtig ist einzig das Selbstvertrauen.

Dann, meine Lieben, dürfen Sie sogar einem anerkannten Wirtschaftsprofessor erzählen, wie Wirtschaft geht.

Vielleicht sind wir das einzige Land auf der Welt, wo man mit Blödheit in der Politik reich werden kann. Bei einigen scheint es geklappt zu haben.

Ist auch eine Leistung.

Fragen Sie sich jetzt, warum man keine besonderen Kenntnisse als Bundestagsabgeordneter braucht, so liegt die Antwort vor dem Sitzungsraum, in der Lobby und im Gruppenverhalten des Menschen.

Kommen wir erst mal zum Gruppenverhalten.

Die Regierung ist wie eine Mannschaft. Der Kanzler ist der Boss und sagt, wo es langgeht.

Je schlauer ein Bundeskanzler ist, umso genauer sucht er sich seine Mannschaft aus.

Denken Sie an Conny und seinen Hans.

Auch der erste Helmut war von überragender Intelligenz und der hatte mit Egon Bahr einen richtigen Philanthropen an seiner Seite. Es ist nie so richtig gewürdigt worden, was diese beiden für die deutsche Einigung geleistet haben.

Je dümmer ein Bundeskanzler ist, desto stärker wirkt sich das dann auch auf die Auswahl seiner Minister aus.

Nur bedenken Sie, es gibt verschiedene Arten von Dummheit.

Ich habe schon mal den Begriff Bauernschläue gebraucht.

Sie müssen diesbezüglich keinen großen Überblick über die Welt haben. Machtinstinkt, eine gewisse Rücksichtslosigkeit – und schon können Sie zusammen mit Ihren Ministern ein Volk regieren.

Kommen wir nun zum Lobbyismus.

Den Vorraum vor dem Sitzungssaal des Parlaments nennt man Lobby.

Eigentlich ist die Lobby eine Art Zoo, wo allerdings nur eine Tierart gehalten wird, Hyänen.

Diese werden Lobbyisten genannt.

Es soll in Berlin, so in der Nähe des Reichstagsgebäudes mehrere Tausend Lobbyisten geben.

Die haben da versteckt ihre Büros mit ihren Mitarbeitern und sobald auch nur das Gerücht aufkommt, es gäbe bald ein neues Gesetz, da werden die Abgeordneten zu Meetings und anderen Veranstaltungen eingeladen, mit gutem Essen und teuren Geschenken, damit das zukünftige Gesetz so gestaltet wird, wie es sich die jeweilige Interessengruppe wünscht. Letzter Schrei der politischen Hochkultur, man lässt Gesetzesentwürfe gleich von Lobbyisten und nicht von den jeweiligen Ministeriumsmitarbeitern erstellen, und die Lobbyisten schlagen damit gleich zwei Fliegen mit einer Klappe.

Die Lobbyisten-Firma wird fürstlich entlohnt, und das Gesetz ist so, wie man es braucht.

Um wieder Boden unter die Füße zu kriegen, das GG behandelt die Bundestagswahl im Art 38.

Dessen Absatz 1 ist nur teilweise korrekt. Satz 1 in Absatz 1 ist richtig, Satz zwei ein Witz, denn die Abgeordneten sind Vertreter ihrer jeweiligen Partei und sehr wohl an Aufträge und Weisungen gebunden. Und was das Gewissen betrifft, so ist man nur dann daran gebunden, wenn man eines hat.

Betrachten Sie wiederum die politische Hochkultur unseres Staates im November 2023.

Wir leben da in einer Zeit, wo selbst Ministerinnen sich nicht entblöden, festlegen zu wollen, wer in unserem Land mit wem sprechen darf und wer nicht.

Selbstverständlich kann der Bundeskanzler auch abgesetzt werden, z. B. nach Art. 67. Da müssen die Abgeordneten aller im Bundestag vertretenen Parteien nur eine neue Mehrheit bilden, sich auf eine neue Person als Kanzler oder Kanzlerin einigen und schon ist der alte Kanzler Geschichte.

Das ist das Misstrauensvotum, das Helmut den Ersten getroffen hat und Helmut den Zweiten ins Amt beförderte. Die andere Möglichkeit geht vom Kanzler aus, wenn er nämlich das Parlament fragt, ob dieses ihm noch vertraut. Sagt da eine Mehrheit nein, so kann der Kanzler zurücktreten, oder er kann es lassen.

Will der Kanzler den Abgeordneten eins überbraten, dann bittet er in dieser Situation den Bundespräsidenten, den Bundestag aufzulösen. Der kann das dann tun, muss aber nicht.

Das können Sie im Art. 68 GG nachlesen.

Mit dem Überbraten ist übrigens gemeint, die Abgeordneten können, falls der Bundespräsident den Bundestag auflöst, ihren Job verlieren, also ihr Mandat. Zwar gibt es dann für die Abgeordneten, die plötzlich arbeitslos sind, Übergangsregelungen, von denen der gewöhnliche Bürger bei Arbeitsplatzverlust nur träumen kann, aber immerhin, der Kanzler kann sich so ein wenig rächen, wenn Abgeordnete gar zu machtverliebt sind.

Politiker fallen in der Regel weich. Das möge man sich merken.

Der aufmerksame Leser fragt natürlich als Wähler und Bundesbürger jetzt, war's das?

Ja.

Sehen Sie, als nach dem Krieg der Lebensstandard langsam, aber stetig anstieg, da begann für viele, die den Krieg und die Niederlage erlebt hatten, nochmals das Leben.
   Gutes Essen, Autos, Häuser, Reisen. Man träumte sich von Urlaub zu Urlaub und ließ die Politik mal machen.

Sie, die Politik machte das, was heute ist.

Es entstanden Begriffe wie Urnenpöbel und Stimmvieh für den Wähler.
   Für mich sind das keine Schimpfwörter, vielmehr Synonyme für bestimmte, anerzogene Verhaltensweisen innerhalb der Tagespolitik.
   Einmal alle vier Jahre macht der Wähler zwei Kreuze am Wahltag und geht dann in seinen Stall, um zu schlafen. Dabei begleitet ihn die Hoffnung, dass sein Leben auch weiter lebenswert bleiben wird und kein Unglück ihn trifft.
   Schließlich rackert er sich jeden Tag dafür ab.

Beruhigt hat der Wähler sich über die schönen bunten Wahlplakate, die all die hehren Vorgaben in die Welt brüllten, die den Gewählten dann nach der Wahl glatt am A… vorbeigehen.
   Die Landtagswahlen laufen im Grunde genauso ab, nur dass hier die Gefahr besteht, einem von diesen gewählten Brüdern oder Schwestern tatsächlich zu begegnen.

Mir ist das einige Male passiert und es war jedes Mal unerfreulich.

Nur ein Beispiel. Bei einer Wahlkampfkundgebung in einer thüringischen Kleinstadt stand ich plötzlich dem Landesvater persönlich gegenüber. Ein weißhaariger, ewig lächelnder, abgehalfterter Westimport.

Ich konnte eine Frage stellen „Warum macht ihr die Regelschulen kaputt?" Er darauf: „Was sind denn Regelschulen?"

Die Politik erfreut sich jedenfalls am politisch abgestumpften Bürger, lobt denselben über den grünen Klee und heuchelt Demut vor ihm, zumindest bis kurz nach der Wahl.

Diese politischen Profis aber wissen, sie haben diesen Bürger als Karikatur erst erzeugt.

Selbst wenn auf den bunten riesigen Plakaten so etwas wie „Keine Waffen in Krisengebiete" stand, kümmern sich die Damen und Herren der Macht einen Dreck darum.

Adenauer pflegte das salopp mit den Worten auszudrücken: „Was kümmert mich mein Geschwätz von gestern?"

Wer in die Politik geht, lässt alle Selbstzweifel und alle Scham fahren.

Das gilt für die Parteien, die schon da sind, und auch für die, die jetzt noch kommen.

So stehen wir nun in der Gegend herum und müssen erkennen, Vernunft war gestern.

Die Ukraine mag relativ weit weg sein, aber was droht, ist schlicht ein Atomkrieg. Hineingezogen haben uns hauptsächlich drei Frauen, deren Kriegsgeschrei auf einen Hormonstau schließen lässt.

Doch was soll oder kann der mündige Bürger tun?

Warten!

Warten, dass die 4 Jahre vorbeigehen und wir dann noch am Leben sind.

Das GG ist bedroht wie nie, aber nicht von außen, sondern von innen, von einer Horde Politiker, die vollkommen Maß und Mitte verloren haben, man könnte auch sagen, die den Verstand ihrer Ideologie geopfert haben.

Und wir, die Bürger, haben diese Politiker gewählt.

Der Artikel 38 GG regelt die Bundestagswahl. Die folgenden bis Art. 48 GG beschreiben die Arbeit der Regierung, wie sie stattfinden sollte.

Um den Konjunktiv zu erklären, brauchen wir uns nur mit Art. 38 GG zu beschäftigen und sehen sofort, wie weit wir eigentlich schon neben der Spur sind.

Wir betrachten den 38er von hinten, da wird es erst einmal einfach. Der genaue Ablauf der Bundestagswahl wird durch ein Bundesgesetz geregelt, Abs. 3.

Langweilig, aber Sie können davon ausgehen, da der deutsche Beamtenapparat und eine Vielzahl von freiwilligen Helfern bei der Wahl das umsetzen, wird noch nicht beschissen, wie zum Beispiel in der Vorzeigedemokratie in Übersee.

Abs. 2 regelt, ab wann Sie wählen und gewählt werden können.

Ab 18.

Abs. 1 Satz 1 beschreibt den Charakter der Bundestagswahl, was dann auch auf die Landtagswahlen zutrifft: allgemein, unmittelbar, frei, gleich und geheim.
    Wichtig für Sie sind nur die drei letzten Attribute: frei, gleich, geheim.

Frei bedeutet, Sie entscheiden, ob Sie wählen und wen. Sie können zu gar nichts gezwungen werden.

Gleich bedeutet, Ihre Stimmen haben die gleiche Wertigkeit wie meine oder wie die des Bundeskanzlers, wenn er denn wählen geht.

Geheim bedeutet, Sie wählen, machen also Ihre Kreuze in der Wahlkabine, wenn's geht mit Kuli, warum Bleistifte in den Wahlkabinen liegen, weiß ich nicht, und das Ganze geht die Welt einen feuchten an.

Satz 2 von Abs. 1 muss zitiert werden, denn man soll ja mindestens einmal am Tag richtig lachen.

Ich habe schon mal in einem vorherigen Abschnitt auf diesen Satz hingewiesen.

Der Satz lautet: „Sie [gemeint sind die Abgeordneten – *Anm. d. Autors*] sind Vertreter des ganzen Volkes, an Aufträge und Weisungen nicht gebunden und nur ihrem Gewissen verpflichtet."

Ich kann mir einfach nicht vorstellen, dass dieser Satz je ernst gemeint war.

Sehen Sie, Adenauer war der erste Kanzler und er hat nicht nur einen Großteil der Nazis rehabilitiert, an der Spitze natürlich seinen Hans. Adenauer hat auch die Wiederbewaffnung der Bundesrepublik durchgesetzt und keinem Deutschen ist zur Strafe der Arm abgefallen.

Da wurde gehorcht.

Um Carlo nicht weh zu tun, nehmen wir an, dieser Satz war zwar ernst gemeint, hat aber nur die paar Stunden gegolten, nämlich von der Verkündung bis zur ersten Wahl.

Es sei mal dahingestellt, ob man mit diesem Satz, wenn er denn von den Abgeordneten gelebt würde, überhaupt regieren kann.

Was aber unsere derzeitige Ampelregierung bezüglich der AfD veranstaltet, lässt vermuten, kaum einer von den Ampelmännern hat das Grundgesetz überhaupt mal aufgeschlagen.

Natürlich will die AfD an die Macht und deshalb muss sie sich mit den Parteien der Ampel streiten.

Da nützt auch das ganze Geschrei von wegen Nazis und so weiter nichts.

Wenn sie gewählt werden, und nach den Umfragewerten sieht es ganz so aus, dann muss die Ampel die Macht abgeben.

Eine Partei kann nur vom Bundesverfassungsgericht verboten werden, nicht von der Bundesregierung, nicht vom Bundesrat oder Bundestag und auch nicht vom Bundesamt für Verfassungsschutz.

Derzeit unterliegen die rot-grünen Politiker und ihr Anhang einer Art kollektiven Massenwahn.

Da wird im Bundestag und in den Medien gepöbelt, da werden Beschimpfungen vorgenommen, die tatsächlich zweifeln lassen, ob diese Abgeordneten noch alle Latten am Zaun haben.

Gipfelpunkt, vorerst, ist der weibliche, grauhaarige Vampirzombie, der doch allen Ernstes die bedeutendste Oppositionspartei im Bundestag als „Haufen Scheiße" bezeichnet hat.

Vor einigen Jahren hatte man geglaubt, die Einführung des Wortes „Arschloch" in den Sprachgebrauch des Deutschen Bundestages, sei ein Ausrutscher des bekannten Straßenschlägers gewesen.

Der Mensch irrt, solang er lebt.

Ja, sollte die AfD an die Macht kommen, dann müssen wir tatsächlich hellwach sein. Aber nicht deshalb, weil wir fürchten müssten, dass das 4. Reich entstünde, nein, vielmehr müssen wir darauf achtgeben, dass sich die Neuen nicht wieder nur an den Fleischtöpfen der Macht vollfressen und dabei vergessen, was sie eigentlich versprochen haben.

Denken Sie dabei an die letzte Bundestagswahl und an das, was uns bestimmte Parteien auf großen Wahlplakaten versprochen haben.

Dieses Grundgesetz ist keine Verfassung. Wenn es denn mal eine Mehrheit gäbe, um eine wirkliche Verfassung zu schaffen, dann könnte man aus dem Grundgesetz lernen und es besser machen.

Darum muss der Staatsbürger das Recht der Wahl haben und das Recht der Abwahl durch Volksentscheid.

Das Wahlrecht ist ein wichtiges politisches Mitwirkungsrecht, das schwer erkämpft werden musste.

Heute wählen allerdings auch die Menschen in Diktaturen und nicht immer sind diese Wahlen erzwungen und gefälscht.

In einer Demokratie muss aber der Bürger auch das Recht zur Abwahl haben, weil Politiker ansonsten glauben, Gott spielen zu können.

Außerdem würden wir uns dann tatsächlich von den Diktaturen unterscheiden.

Ich bin zutiefst davon überzeugt, sobald sich unsere erwählten Gewählten darüber im Klaren sind, nach 100 Tagen und nach zwei Jahren kann alles schon wieder vorbei sein, werden sie dieses in ihre politische Arbeit „einpreisen".

Natürlich, das sei nur der Vollständigkeit halber angemerkt, Volksentscheide in der von mir vorgeschlagenen Art verlangen zwingend tatsächlich freie Medien. Mit dem derzeitigen öffentlich-rechtlichen Propagandakartell oder der sogenannten Propagandamatrix, wie ein kluger Medienprofessor anmerkte, steht die Demokratie auf verlorenem Posten.

Solange die Altparteien zusammen mit den Staatsmedien auch nur ein Zipfelchen Macht behalten dürfen, wird es nichts mit Volksabstimmungen.

Man kann dann nur auf Überzeugungsarbeit und auf die Neuen setzen, doch die müssen Sie dann wenigstens etwas an die berühmte Leine legen.

11. Vorschlag

Ihre heutige Hausaufgabe besteht deshalb darin, einen eigenen Satz 2 von Abs 1 Art 38 GG zu formulieren.

Wollen Sie wissen, wie mein Satz lauten würde?

Jede oder jeder Gewählte ist grundsätzlich verpflichtet, vor Beginn der Tätigkeit im Deutschen Bundestag unter Eid zu bekennen, oberste Ziele jeglichen Handelns sind, dem Frieden der Welt zu dienen und über die Einhaltung der Grund- und Menschenrechte für jedermann, auch in Krisenzeiten, in der Bundesrepublik zu wachen.

Wollen wir darüber streiten?

12. Aufgabe

Diskutieren Sie in Ihrer Familie oder in Ihrem Bekanntenkreis, ob es nicht sinnvoller wäre, die Amtszeit des Bundeskanzlers auf 2 Legislaturperioden zu beschränken, also maximal 8 Jahre.

Auch darüber können wir streiten.

Wenn wir wirklich mal eine richtige Verfassung haben wollen, dann müssen wir das sogar!

Kapitel 11: Wer eine Gesellschaft zerstören will, muss mit dem Fundament beginnen

In diesem Kapitel steht die Familie im Mittelpunkt, der Artikel 6 Grundgesetz, und ich werde sehr persönlich. Wir sprechen über Sex und manch anderes, was so innerhalb von Gemeinschaften vorkommt, und ich bekenne mich als Deutscher, ohne überheblich zu sein.

Auch die Israelis kommen vor und ich versuche wenigstens anzudeuten, wie die Zukunft zwischen dem Tätervolk und dem Opfervolk aussehen könnte.

Merken Sie sich und geben Sie dies an Ihre Kinder und Enkelkinder weiter, immer wenn eine Partei oder Gruppierung behauptet, die Welt retten zu wollen, dann wird es wirklich gefährlich!

Sollten Sie glauben, das Fundament unsrer Gesellschaft sei das Grundgesetz, dann liegen Sie leicht daneben. Das Grundgesetz ist das politische Fundament des Staates.

Unser Fundament als Gesellschaft ist in Art. 6 GG beschrieben und besteht aus Ehe und Familie.

Ja, ja, jetzt schauen Sie auf unsere Gesellschaft, so wie sie derzeit ist, und stutzen.

Ehe, gemeint war der gesetzliche Bund fürs Leben von Mann und Frau.

Das steht so explizit deshalb nicht im Grundgesetz, weil damals keiner auf den Gedanken gekommen wäre, dies könnte jemals etwas anderes bedeuten.

Dieser Bund ist keineswegs ein Auslaufmodell. Das möchten uns unsere fortschrittlichen Medien nur einreden.

Neben vielen anderen Dingen ist ein wichtiges Mittel zur Erhaltung der Ehe der Sex.

Sehen Sie, die Natur hat uns den Sex geschenkt, damit die Erhaltung der Art uns möglichst lange Freude macht und all die Widrigkeiten, die diesbezüglich bei der Aufzucht unserer Brut noch auf uns warten, nach dem Orgasmus kommen.

Die Ehe war dabei eine Art Barriere, um Normen, Sitten und Moral einigermaßen zu gewährleisten und die angestammten sozialen Rollen von Mann und Frau über die Liebe einander anzugleichen, damit die Aufzucht der Brut gelingt.

Das ist die Theorie, die Praxis kann durchaus verschieden davon sein.

Im Klartext heißt das, es wurde schon immer quasi querbeet gevögelt und gebumst je nach Gelegenheit, nur nicht von der Mehrheit der Menschen.

Bis zum heutigen Tag ist es eine Minderheit, die, um es einmal mit den klassischen Worten eines deutschen Spaßmachers zu sagen, jeden oder jede zwischen 17 und 70 vögelt, die nicht schnell genug auf den Bäumen sind.

Gehen Sie doch einmal die verschiedenen Filme oder Sendungen der letzten Jahre in Gedanken durch.

Männer mit Männern, Frauen mit Frauen, alte Frauen mit jungen Männern, alte Männer mit jungen Frauen. Selbstverständlich auch die ganzen Lolitageschichten.

Können Sie eine Kombination nennen, die es noch nicht gegeben hat?

Letzter Schrei derartiger Verhaltensweisen, die künstlerisch aufgearbeitet werden, sie liebt plötzlich sie, obwohl sie bisher ihn geküsst hat, und er küsst plötzlich seinen besten Freund, nachdem er eine Horde Kinder in die Welt gesetzt hat.

Das, was früher mal als das Normale bezeichnet wurde, wird mit allen Mitteln von den sogenannten Fortschrittlichen bekämpft.
Heute gilt bei denen, es gibt nichts Normales mehr.

Das ist ein gewichtiger Irrtum!

Mann, Frau und Kinder, umgeben vom rechtlichen Rahmen der bürgerlichen Ehe, Gemeinsamkeit im alltäglichen Leben, Mühe und Sorgen, Erfolg und Niederlage, Streit und Versöhnung, Geburt und Tod, Weihnachten und Ostern, Schuleinführung und Diplomverleihung – all das soll als abgestanden, alt, bürgerlich, ja, geradezu als faschistoid gelten?

Vergessen wir nicht die Millionen neuer „Fachkräfte", die ins Land geholt wurden, mit ihrer Werteordnung, ihrer Lebensweise und ihren Vorstellungen von Zukunft, ohne auch nur groß unsere Sprache zu beherrschen.
Wissen wir diesbezüglich wirklich, was diese Menschen denken und fühlen? Was wir wirklich wissen, ist, sie suchen ein besseres Leben. Werden sie es aber auch finden?

Es ist nun auch deren Land geworden und wenn die ein anderes Gesellschaftsbild haben, dann sollten wir herausfinden, wie das zu unserem passt. Auch wenn es schwer ist, eine Leitkultur zu formulieren, bleibt sie dennoch notwendig.

Wir leben alle gemeinsam in Deutschland und hier gelten nun einmal unsere Sitten, unsere Moral und unser Recht., selbst wenn manches nur noch undeutlich zu erkennen ist.
Alle müssen sich dem unterwerfen und dabei durch Toleranz ihre Mitmenschlichkeit beweisen.

Glauben Sie nicht dem Gefasel von Links und von Rechts hinsichtlich der sogenannten Abschiebungen oder Deportationen, wie man das ideologisch verbrämt heute bezeichnet.

Die Linke ist heutzutage derart politisch verkommen, dass sie sogar die Opfer von tatsächlichen Deportationen der Nazizeit instrumentalisiert, nur um dem Gegner von Rechts eins auszuwischen.

Die Rechte unterliegt einer Illusion, wenn sie glaubt, Millionen oder schon hunderttausende Neuankömmlinge abschieben zu können.

Wohin sollen denn diese Leute? Nach Ruanda vielleicht, wohin die Briten ihre überzähligen Armutsflüchtlinge „entsorgen" wollen?

Es gibt Sachverhalte, die unangenehm sind, trotzdem aber wahr.

Alle Fremden, die da sind, müssen zuerst unsere Sprache lernen. Dazu brauchen sie Hilfe, die wir gewähren müssen.

Alle Fremden müssen in den Arbeitsprozess eingegliedert werden, damit sie ein selbstbestimmtes Leben führen können. Dabei werden sie zuerst den Niedriglohnsektor überfluten und so den deutschen Niedriglohnern in die Quere kommen.

Wer als Fremder sich nicht in unsere Wirtschafts- und Rechtsordnung einfügt, muss das Land verlassen, sofern wir wissen, woher er kam.

Alle Fremden, die sich mit unserer Lebensweise und unserer Gesellschaftsordnung nicht anfreunden können, müssen das Angebot erhalten, das Land freiwillig zu verlassen.

Zu Letzterem gehören zwei sehr unangenehme Wahrheiten, die ich einmal von der positiven Seite darstellen will. Solange die fremden Menschen bei uns mehr finanzielle Unterstützung erhalten als in ihren Heimatländern, werden sie nicht gehen. Schließlich sind sie nicht dümmer als wir.

Und wir können nur etwas geben, wenn wir noch etwas haben. Alles andere ist Wunschdenken.

Wir müssen sehr wohl Szenarien durchdenken, wie sich vor allem einsame, wurzellose, männliche Fremde verhalten, wenn der Traum vom besseren Leben nicht in Erfüllung geht.
Familien sind dabei dann unser geringstes Problem.

Leider weigern sich unsere politischen Eliten, dies einzusehen.

Was mir zusätzlich wirklich Angst macht, sind jene unausgesprochenen Vorschläge zur Veränderung unseres Gesellschaftsbildes, welche unsere Medien so verdeckt über Unterhaltungsfilme transportieren.

Um all den Gruppen gerecht zu werden, muss das Familienbild und dessen Sexualvorstellungen anscheinend internationalisiert werden.

Eine Welt, in der Familien nach den Vorstellungen von Ehm Welk leben, die wird bis aufs Messer bekämpft.

Kennen Sie noch seine Kummerow-Geschichten, wo Heiden und Gerechte vorkamen, „Mein Land, das ferne leuchtet", oder „Die Lebensuhr des Gottlieb Grambauer"?
Für mich ist das ein Stück Deutschland, eine Lebensweise, die zwar vergangen ist, die uns aber immer noch leiten kann.
Ein gutes Stück meines Lebens habe ich genau so gelebt.
Aber ich verliere mich.

Bei der heutigen Internationalisierung des Familienbildes ist es nicht notwendig, sich nahe zu sein, man kann Hygiene vernachlässigen, nur die animalische Lust zählt. Selbstverwirklichung heißt dabei das Zauberwort.
Gnadenlos wird nahezu alles und jeder der allgemeinen Sexualisierung unterzogen.
Da kann es sogar vorkommen, dass eine erwachsene Frau während eines Essens im Restaurant mit einer Zufallsbekanntschaft heimlich ihr Höschen auszieht, es dem noch Fremden übergibt und dieser drückt es genussvoll in sein Gesicht.

Künstler nennen sich diese Leute, angeblich lauschen sie ihre Filminhalte der Realität ab und kaum einer vermutet dann, dass diese Kunstmenschen nur ihren eigenen Fantasien folgen.

Ziel all dieser Fantasien ist die Beseitigung nicht nur der bürgerlichen Familie, nein, auch das, was an Anstand und Moral als kümmerlicher Rest noch da ist, soll entsorgt werden.

Schließlich leben wir ja in einer rot-grünen Fortschrittswelt.

Was dann die kümmerlichen Künstler nicht schaffen, besorgt die Gendergemeinschaft.

Es scheinen vor allem Frauen zu sein, die ihr Frausein wie die Pest hassen.

Angestrebt wird eine Welt der Ichmenschen ohne Liebe, vor allen aber ohne Geschlecht, ohne Mann und Frau.

Und da sind die Dritten im Bunde, die Diversen, noch nicht einmal eingearbeitet.

Seit April 2024 kann man in Deutschland einmal pro Jahr das Geschlecht wechseln.

Da fällt mir nichts mehr dazu ein!

Die Natur ist nicht gerecht.

Frauen sind in der Regel schwächer als Männer, trotz Lara Croft. Frauen menstruieren, Frauen bekommen die Kinder unter Schmerzen, auch wenn die Männer dabei sind. Frauen säugen die Kinder an der Mutterbrust und die Männer haben den Segen der maskulinen Geschichte für sich.

Da ist aber auch gar nichts von Gleichheit oder gar Gerechtigkeit.

Von der gesellschaftlichen Anerkennung oder Aufmerksamkeit einmal ganz zu schweigen.

In einer normalen Beziehung von Mutter, Vater und Kind ist die Mutter das dominierende Element bezüglich des Kindes. Der Vater kann seine Stellung gegenüber seinem Nachwuchs jederzeit verbessern, wenn er glaubhaft liebt.

Überhaupt ist die Liebe zwischen Mann und Frau der „Äther", der eine Familie wirklich erfolgreich werden lässt.

Und Liebe ist mehr als Sex.

Männer und Frauen sind eine biologische Tatsache, auch wenn der Bundestag das anders sieht.

Für die meisten Menschen ist das eine Selbstverständlichkeit, aber für die heutigen Eliten und Medienkünstler ein stetiges Ärgernis.

Sie suggerieren den Menschen, alles im Hier und Jetzt muss in Besitz genommen werden. Verzicht ist schädlich, hilft dem Egoismus nicht weiter.

Nur die Selbstverwirklichung, wie der Egoismus heute auf Neudeutsch heißt, zählt.

Sollten Sie also heute in einer Familie leben, wo durch die Fürsorge und Arbeit der Elterntiere die Jungen wachsen und gedeihen, so haben Sie alles richtig gemacht.

Lassen Sie sich nicht von den sogenannten Fortschrittlichen irre machen.

Ach, Sie schreien mir entgegen, Sie seien geschieden, Ihr Leben managen nur Sie.

Ja, dann sind Sie genauso auf dem richtigen Weg, denn keiner hat je behauptet, jede Ehe hält ewig oder ist Vorbedingung für ein Kind.

Der Irrtum ist Teil des menschlichen Lebens. Wir sind fähig, Irrtümer zu korrigieren, das Schicksal zu bezwingen, neu zu beginnen und Verantwortung gegenüber den Jungen zu übernehmen.

Manchmal ist es eben nur einer, der dazu fähig ist.

Meine Großmutter hatte zehn Kinder. Ihre letzten beiden Mädels wurden 1930 und 1932 geboren. Im April 1945 starb mein Großvater. Im Juni 45 kamen die Amerikaner und später die Russen.

Oma Anna hat mit einem Spaten ein Feld bearbeitet, das 70 Meter lang und 20 Meter breit war.

Ihre Kinder hatten nie viel zu essen, aber gehungert hat keines. Sie hat Karnickel und Hühner gehalten und die auch geschlachtet.

Weder ein Ami noch ein Russe hat ihre beiden Mädels angerührt. Zugegeben, da war auch etwas Glück dabei, denn meine Großmutter lebte nicht in Ostpreußen und sie hatte noch eine Tochter.

Sie ist nicht vom Faschismus befreit worden, sie hat die Niederlage erlebt und durchlebt.

In Art. 6 Abs. 4 heißt es: „Jede Mutter hat Anspruch auf den Schutz und die Fürsorge der Gemeinschaft."

Wie soll das denn gehen?

Haben wir die vergessen, die ihre Kinder heute weggeben, die ihre Kinder halbtot schlagen, sie in Dreck und Müll leben lassen, sich selbst verwirklichen und ohne Liebe sind??

Oh ja, ich weiß um die Paragrafen des Strafgesetzbuches.

Aber wo haben denn Strafen je etwas besser gemacht diesbezüglich?

Jede Familie, die einigermaßen funktioniert, braucht eigentlich den Staat nicht, denn sie schützt sich selber.

Das, was Abs. 3 von Art. 6 ankündigt, ist das Feigenblatt des Staates dafür, dass er Abs. 2 von Art. 6 nie hat durchsetzen können. Von wegen, der Bürger habe irgendeine Pflicht. Spätestens beim nächsten Wahlkampf hütet sich doch jeder Politiker davor, Derartiges zu verlangen.

Der Bürger soll und muss in Passivität gehalten werden.

Man kann aber nur gegenseitige Pflege und Erziehung als obliegende Pflicht realisieren, wenn man in einer fest gefügten Gemeinschaft lebt.

Von der Vorbildrolle, die ein Politiker durchaus haben könnte und die er eigentlich auch leben müsste, will ich gar nicht erst anfangen.

Am besten ist natürlich eine funktionierende Ehe, denn sie ist das historische Grundelement des Zusammenlebens, aber Gemeinschaften funktionieren auch, wenn sie, ähnlich wie die Ehe, auf Liebe und Zuneigung aufgebaut sind.

Gleichgeschlechtliche Liebe ist keineswegs nur biologisch determiniert, sie existiert auch durch entsprechende soziale Lebens- und Verhaltensweisen.

Die Einführung der gleichgeschlechtlichen Ehe ist deshalb eine Degradierung der Ehe als Lebensgemeinschaft zur Erhaltung der Art, weil sie die Art eben nicht erhalten kann und nur als Einfallstor für neue Rechte dient, die die natürliche Zeugung menschlichen Lebens in immer stärkerem Maße umgehen will.

Wenn auch alle Menschen die gleichen Rechte haben, so können sehr wohl nicht alle alle Rechte wahrnehmen. Dies zu begreifen bedeutet, Einsicht in die Notwendigkeit zu haben, und die haben wir eben nicht. Stattdessen bewegen wir uns immer deutlicher auf die „schöne neue Welt" zu, wie Huxley sie beschrieben hat.

Die Welt ist maskulin.

Vielleicht wird sie einmal femininer, allerdings nicht durch Gendern oder durch die politische Aufwertung der Homosexualität.

Jeder kann und soll lieben, wen er will, aber eben das hat immer Konsequenzen.

Für gleichgeschlechtliche Paare bedeutet das, sie sind von der natürlichen Zeugung ausgeschlossen.

Für sogenannte Transsexuelle gilt unter Umständen das Gleiche. Ihr andersartiges Fühlen mag sie jederzeit mit ähnlich fühlenden Partnern zusammenführen. Sie sind dann wie jeder andere Mensch auch frei in ihrer Lebensgestaltung.

Aber es ist keineswegs einzusehen, warum unbedingt ein biologischer Mann, der sich als Frau fühlt, unbedingt auf ein Frauenklo gehen will, wo er doch genauso gut die geschlossene Kabine auf einem Herrenklo benutzen kann.

Niemand will jemandem vorschreiben, wie man lieben und leben sollen. Doch Andersartigkeit hat nun einmal Auswirkungen auf die Gemeinschaft, genau wie mein Übergewicht im Verhältnis zu einem Mann mit Sixpack.

Sie sind anders und sie werden anders wahrgenommen.

Die Ablehnung des „Unnormalen" durch das Bürgertum hatte in der Geschichte verschiedene Ursachen.

Heute jedoch gilt für die Aufwertung bestimmter Lebensformen vor allem die Erreichung öffentlicher Aufmerksamkeit, obwohl doch Sexualität sehr privat ist. Vielleicht sollten wir das wieder mehr in den Mittelpunkt rücken.

Die Ehe ist und bleibt Mann und Frau vorbehalten und da kann der Bundestag beschließen, was er will.

Und beim Sex, nicht nur beim ersten Mal, haben die Frauen und Mädchen die größere Verantwortung für ihr Leben, als die Männer das jemals haben können.

Dass die Welt maskulin ist, mag für viele Frauen nicht einsehbar sein.

In unserer Zeit macht es einige Frauen sogar stolz, wenn sie einen Krieg nicht nur beginnen können, sondern auch in der Lage sind, ihn am Laufen zu halten.

Da haben sie mit den Männern gleichgezogen.

Aber die, die sich totschlagen müssen, die in den Schützengräben verrecken, sind immer noch in der überwiegenden Mehrzahl Männer.

Und da sind die Frauen außen vor.

Die Frauen mit ihren Kindern in der überwiegenden Mehrheit bilden im Krieg die zivilen Opfer, so wie die Frauen und Kinder derzeit im Gazastreifen. Das sollten unsere Kriegsfurien verinnerlichen.

Wir haben nun zwei Möglichkeiten, entweder die Frauen gehen auch in die Schützengräben oder wir ächten den Krieg für immer.

Ich ziehe Letzteres vor.

Ob nun die Männer genetisch so verändert werden müssen, dass sie auch mal Kinder gebären, wird die Zukunft zeigen.

Als Konservativer bin ich natürlich dagegen.

Das muss aber nicht heißen, wir lassen unser soziales Gefüge so, wie es ist. Wir können die sozialen Rollenbilder sehr wohl umschreiben, aber bitte auf der Basis unserer Natürlichkeit.

Wir können den Schutz und die Fürsorge für Mütter zum Beispiel deutlich ausbauen. Das darf aber nicht mit der Gießkanne erfolgen, sondern Hilfe verlangt das Sehen des Einzelschicksals.

Lassen Sie es mich an einem Beispiel erklären.

Unser erstes Haus haben meine Frau und ich auf dem Lande in einem kleinen Dorf gekauft. Das Dorf feierte jedes Jahr die Kirchweihe und da kamen auf dem Festplatz alle zusammen.

Obwohl es nun schon Jahrzehnte her ist, sehe ich immer noch das Gesicht jener jungen Frau vor mir, die mit unendlich traurigem Gesicht und ihrem Kinderwagen in der fröhlichen Menge der Dorfbewohner an der Seite ihres Vaters einherging.

Ihr Kind war schwerkrank und es war so geboren worden. Der Vater des kranken Kindes konnte dieses Kind nicht ertragen und machte sich vom Acker.

Nur die Mutter und der Großvater waren für dieses Kind da. Es lag völlig unnatürlich, seltsam gestreckt im Kinderwagen und starrte in den Himmel. Die drei gingen immer still durch die laute Menge.

Sind Sie zur Empathie fähig?

Können Sie sich in das Leben dieser jungen Frau hineinversetzen? Diese junge Frau hat ihre Verantwortung wahrgenommen bis zum heutigen Tag und ihr Leben ist darüber vergangen. Einzig ihr Vater übernahm manchmal für ein paar Tage die Pflege dieses schwerkranken Kindes, damit wenigstens ein kleines bisschen Glück in das Leben seiner Tochter scheinen konnte.

Spricht ein solches Beispiel gegen die Familie?

Wenn es je gerechtfertigt ist, Müttern den Schutz und die Fürsorge der Gemeinschaft zu gewähren, dann solchen Schicksalen.

Oh nein, keine Angst, ich will nicht zurück zur Euthanasie. Auch solche Kinder verdienen es, geliebt zu werden, selbst dann, wenn es nicht jeder kann.

Was ich will, ist eine Gemeinschaft, die solches Leid und Unglück sieht und die so hilft, wie der Großvater dieses unglücklichen Kindes.

Für mich kann das nur über eine Gesellschaft von funktionierenden Familien erfolgen, die Liebe und Zuneigung, Mitmenschlichkeit und Altruismus, Mitleid und Empathie, Anstand und Moral lehren und leben.

Und das ursprüngliche Familienbild ist für mich, immer und ewig, Mann, Frau und Kinder.

Es ist für mich jedoch eine Selbstverständlichkeit, dass ich sehr wohl weiß, auch zwei Frauen oder zwei Männer können eine Gemeinschaft bilden, die die oben genannten Werte verwirklichen.

Sie können sehr wohl Kinder ordentlich erziehen und sie behütet erwachsen werden lassen, doch sie sind niemals in der Lage, in ihrer Zweisamkeit die Art zu erhalten.

Damit bekunden wir nicht nur unsere Vernunft, sondern auch unseren Respekt vor der menschlichen Biologie.

Und darin liegt der entscheidende Unterschied, der auch rechtlich zum Tragen kommen muss.

Übrigens schließt das die Tatsache ein, dass auch Mann und Frau nicht in jedem Fall die Art erhalten können oder wollen. Doch die Gründe dafür liegen manchmal in der Biologie, oder in der Soziologie unserer Werteordnung, denn die Selbstbestimmung ist ja auch noch da.

Keine Gesellschaft kann es allen recht machen.

Zurück aber zu unserem Beispiel der jungen Frau.

Mir ist bisher noch kein Politiker untergekommen, der differenziert bei Gesellschaftsproblemen hätte helfen wollen.

Was hätte diese Mutter verdient?

Materielle und personelle Entlastung bei der Kindespflege?
Jährlich Kuraufenthalte, wenn gewünscht?
Einmal im Jahr einen Urlaub mit Anhang?
Psychologische Betreuung?
Wenn Sie jetzt sagen, he, das ist doch kein Einzelfall, dieses kranke Kind, so was gibt es doch in unserem 84-Millionen-Volk häufig, dann sind Sie auf der richtigen Schiene.
Ja, es gibt furchtbare Schicksale. Man kann zweifelsfrei in nicht allem helfen, aber man muss es versuchen.
Wenn Sie aber jetzt sagen, he, das wird teuer!

Da sag ich nur, sehr richtig. Es würde Milliarden kosten.

Der Staat wird jedoch gerade für so was gebraucht!

Und viele glückliche Familien mit gesunden Kindern brauchen eben den Staat nicht.

Das müssen wir wieder begreifen.

Wenn wir für solche Mütter oder auch Väter mit ihren kranken Kindern 100 Milliarden ausgeben würden, dann, da sind wir uns sicherlich einig, ist das menschliche Leid nicht aus der Welt, aber wir würden für viele wenigstens etwas Glück in ihr Leben gebracht haben.

Was aber macht unser Staat? Er gibt dieses Geld für Rüstung und Kriege aus, für einen sogenannten Klimaschutz, für Zuwanderung, und macht damit all die Probleme nur noch größer.

Und es sind heute Frauen und Mütter, die eigenartigerweise die Fackel des Krieges tragen.

Nochmals kurz zu meiner Großmutter. Sie war keine Trümmerfrau nach dem Krieg. Sie war eine Bauersfrau, mehr eine Bauernmagd, denn sie hat neben ihrer Arbeit als Schneiderin noch auf den Wiesen und Feldern und im Stall eines Bauern aus dem Dorf mitgeholfen. Dafür bekam sie ein paar Nahrungsmittel, die sie dann ihren Enkeln weiterreichte.

Sie ist nicht in ihrem Heimatdorf gestorben, sondern in der Fremde.

Nicht nur Schwiegertöchter, auch Schwiegersöhne können bösartig sein.

Sie hat Spanien, Italien, Österreich und die Schweiz gesehen. Für eine alte Frau mit einer kümmerlichen Rente aus der DDR gar nicht so schlecht.
Ihre zweitjüngste Tochter im Westen ermöglichte ihr, was immer möglich war. Aber die hatte keine Kinder.

Wie alle armen Leute mit vielen Kindern blieb ihr Herz immer bei den Enkeln im Osten.

Jede ihrer Postkarten aus den verschiedenen Ländern war eine Lüge.

Man hätte ihr halb Europa schenken können, es wäre nichts dagegen gewesen, wenn sie nur bei ihren Enkelkindern hätte sein können.

Über Tote soll man nicht schlecht reden. Aber über den Tod meines Vaters kann ich bis heute keine Trauer empfinden.

Während ich das schreibe, weine ich. Ja, lachen Sie mich ruhig aus. Auch ich bin ein Weichei.

Meine Großmutter hätte es abgelehnt, wenn man sie gefragt hätte, ob man ihrer Generation ein Denkmal setzen sollte.

Ich weiß, nicht nur wegen ihres Sohnes, der noch heute bei Kaliningrad liegt, hat sie sich oft gefragt, was hätte sie anderes machen sollen?

Aber auf viele Fragen gibt es einfach keine Antwort und so vergehen die Generationen. Doch all die Gestorbenen waren und sind über die Erinnerung Mitglieder meiner Familie, genau wie die noch lebenden Verwandten. Meine Familie ist Teil unseres Volkes, weil wir eben genau diese Geschichte haben und weil wir hier und nirgendwo anders leben.

Das macht uns letztlich zu Deutschen.

Ob der Generation meiner Großmutter ein Denkmal gesetzt werden sollte?

Sie hätte es mit Sicherheit abgelehnt.

Sie hat auch so nie vergessen, wer sie war.

Als Teil unseres Volkes war sie auch Teil der NS-Gesellschaft.

Meine Großmutter war die Einzige in unserer Familie, die Hitler gesehen hat, ich habe Sie darüber schon informiert. Sie fuhr dazu vor dem Krieg nach Erfurt, hörte ihn reden und hat ihn wahrscheinlich auch gewählt.

Ich weiß nicht, ob sie an verschiedenen Volksabstimmungen teilgenommen hat, aber eines weiß ich, dem Krieg hätte sie nie und nimmer zugestimmt.

Aber danach wurde sie nie gefragt. Sie durfte nur einmal wählen und damit war dann Schluss.

Deshalb müssen wir heute dafür sorgen, dass die Regierung uns zumindest bei Kriegen fragt, denn sonst bleibt die Schuldfrage immer in der Unbestimmbarkeit.

Übrigens, diese Kriegsgenerationen von Frauen hätten meiner Meinung nach kein Denkmal verdient.
Aber die Institution Familie hätte ein Denkmal verdient. Denn sie war und ist es, die den Menschen jene Wärme, Geborgenheit und Hoffnung auch in furchtbaren Zeiten gegeben hat, die ein Überleben durch die Jahrhunderte ermöglichte.

Da fällt mir wieder so ein Beispiel ein, das mich die Wände hinauf treibt.

In der Türkei hätten es vielleicht viele Frauen von Gastarbeitern verdient, ein Denkmal gesetzt zu bekommen. Nämlich dafür, dass sie ihren Männern ins kalte Deutschland gefolgt sind und die Einsamkeit und die fremde Kultur ertragen haben. Gewiss keine kleine Leistung, die sie für ihre Familien und für ihren Staat erbracht haben.
Kann man beides vergleichen?
Eine der führenden deutschen Kriegstreiberinnen soll mal sinngemäß geäußert haben, anstelle der Generation meiner Großmutter, sollten die Frauen von türkischen Gastarbeitern ein Denkmal erhalten in Deutschland.
Hat man nur ein einziges Mal danach geschaut, wie die türkischen Familien strukturiert sind?

Wie nennt man so etwas?

Geschichtsblöde? Nationalverachtung? Deutschlandhass? Oder einfach nur Grün?

Es war, glaube ich, Goya, der gesagt und gemalt hat, der Schlaf der Vernunft gebiert Ungeheuer.

Wenn wir die Familie nicht als das erhalten können, was sie letztendlich ausmacht, Vater, Mutter, Kinder, dann wird unsere Gesellschaft nicht überleben können.

Und die deutsche Gesellschaft hat ein ursprüngliches Familienbild, das sehr wohl durch andere Gemeinschaften ergänzt werden kann.

Aber diese deutsche Gesellschaft ist durch das Christentum historisch geprägt, kennt keine Vielehe und lehnt die Kinderehe grundsätzlich ab.

Unsere Landschaft wird unter anderem durch Kirchen geprägt, nicht durch Moscheen.

Die Gleichberechtigung von Mann und Frau ist weitgehend Realität, selbst wenn der Katholizismus dies noch ablehnt. Aus diesem Grund müssen wir auch nicht noch den Islam aufwerten, denn der enthält mindestens genauso viel Unsinn wie die Lehren der römisch-katholischen Kirche.

Muslime sind heute sehr wohl Teil der deutschen Gesellschaft. Wollen sie wirklich integriert sein, müssen sie sich dem Grundgesetz, nicht dem Islam unterwerfen.

Erst dann, sehr geehrter Herr Wulf, gehören sie zu uns.

Dies stellt die Familie, so wie sie in Deutschland gewachsen ist, unter besonderen Schutz.

Wir müssen wieder begreifen, die Familien tragen den Staat, nicht der Staat die Familien. Jede Familie ist ein staatsfreier Raum, der so und nicht anders zu erhalten ist.

Freiheit bedeutet auch die Zurückdrängung des Staates auf seine tatsächlichen Aufgabenfelder, nicht sein Hineindrängen in die Familie, über die stetige und unselige Alimentierung.

Hilfe hat dort zu erfolgen, wo sie notwendig ist, nicht Hilfe mit der Gießkanne.

Dazu gehört aber auch, die ältere Generation zu achten und womöglich sogar mal auf deren Erfahrungen zurückzugreifen, denn unsere Alten sind nicht nur durch den Faschismus definiert.

Diejenigen, die derzeit das Sagen haben, sind nicht nur dafür verantwortlich, dass wir unter Umständen unsere Stromrechnung nicht mehr bezahlen können, sondern dass auch die Möglichkeit besteht, in einem Atomkrieg ausgelöscht zu werden.

Nun gut, wenn Letzteres eintritt, brauchen wir uns über die Familie und ihren Erhalt keine Sorgen mehr zu machen. Genauso wenig ist dann von Bedeutung, ob wir die letzten Rudimente der Marktwirtschaft schleifen und zum Staatssozialismus zurückkehren.

Die Anfänge diesbezüglich dürften aus rot-grüner Sicht vielversprechend sein.

Sollten wir aber nochmals vom Haken des Schicksals gelassen werden, dann müssen wir hinsichtlich Familie und Wirtschaftsordnung eine dauerhafte Antwort finden.

Vorschlag 13

13a einfache Variante: Diskutieren Sie einmal mit Ihrem Lebenspartner oder Bekannten oder Verwandten verschiedene Möglichkeiten des Zusammenlebens und überprüfen Sie, ob für Sie tatsächlich genug Argumente für die Familie im herkömmlichen Sinne sprechen.

13b schwierigere Variante: Besorgen Sie sich ein Buch von jenen Leuten, die die Familie im herkömmlichen Sinne als Auslaufmodell betrachten. Lesen Sie es und argumentieren Sie für die Familie.

Zeit für eine Zwischenbilanz

Inzwischen müssten Sie zu einer gewissen Meinung hinsichtlich des Zustandes unseres Landes gefunden haben.

Jeder Tag bringt Neues, meist nichts Gutes.

Was Sie beunruhigen sollte, sind vor allen drei Dinge.

Einmal der Krieg in der Ukraine.
Inzwischen wird immer deutlicher, wie daneben wir lagen, als Deutschland sich hier eingemischt hat. Eine Folge davon ist, unsere Regierung will uns wieder kriegstauglich sehen, wobei uns niemand angegriffen hat, zumindest kein richtiger Feind.

Zum Zweiten die Sprengung der Ostsee-Pipeline.
Sie ist von Freunden ausgeführt worden, nachdem sich sowohl die Polen, die Ukrainer, die Amerikaner und nicht zuletzt eine ganze Horde EU-Politiker, einschließlich Mitglieder des Bundestages, darüber aufgeregt haben.
Es ist immer noch ein Anliegen von einer Reihe unserer Freunde, es uns nicht zu gut gehen zu lassen.

Und Drittens, die Massendemonstrationen gegen „Rechts".
Diese werden immer aggressiver, wobei sich viele Menschen auch noch als die „Retter der Demokratie" fühlen, obwohl sie lediglich missbraucht werden.

Sie haben es schlau angefangen, die Mächtigen unserer Welt, indem sie sich mit den Willfährigsten und Dümmsten unseres Landes verbündet haben, denn die führen widerspruchslos aus, was man ihnen ins verschmutzte Ohr flüstert.

Man kann in verschiedenen Büchern nachlesen, der schlimmste Alptraum der Amerikaner besteht darin, dass die Deutschen mit den Russen gute Beziehungen zum gegenseitigen Nutzen pflegen.

Aber sie verlieren in der Ukraine, da die offensichtlich doch nicht bis zum letzten Ukrainer für die USA kämpfen will.

Waffen und Munition gehen zu Ende, blieben noch Menschen und natürlich Atomwaffen.

Zum anderen muss jedem gebildeten Menschen klar sein, die Ukraine ist nur die Vorstufe.

Letztendlich geht es um den neuen Platzhirsch am Weltmarkt, und das sind die Chinesen.

Der Westen, gemeint sind die USA, will einfach nicht dulden, wenn einer kommt, der es offensichtlich auch kann.

Alle Kriege, die die USA und Großbritannien bisher geführt haben, dienten dem Erhalt ihrer Vormachtstellung in der Welt.

Kaum ein Abrüstungsvertrag wurde von den USA je geschlossen, der tatsächlich auch von ihnen selber, eingehalten werden sollte.

Man muss dazu nur das Buch von Helen Caldicott, „Atomgefahr USA" lesen. Sie hat es schon 2002 geschrieben.

Heute, Jahrzehnte später, spricht man von einer „Zeitenwende", weil endlich die Rüstungslobby am Ziel ist.

Die westliche Welt ist irre geworden.

Offensichtlich glauben heute auch die Europäer, dass ein Atomkrieg gewonnen werden könnte.

Wahrscheinlich konnten alle die furchtbaren Waffen, vor denen Caldicott gewarnt hat, endlich realisiert werden.

Fast möchte man zynisch fragen, ob denn mit all den atomaren Waffen das Klima gerettet werden kann?

Oder sollte es vielleicht so sein, dass gerade durch all die neuen Waffenentwicklungen selbst das Wetter zur Waffe wurde?

Und natürlich darf eines nicht passieren, dass einem die Feinde ausgehen. Diesbezüglich sind die „Falken" der Amis sehr offen. Sie kündigen lange vorher an, wer als Feind in Frage kommt.
Die Welt als Ganzes gehört diesen Leuten und sie bedienen sich, als ob es kein Morgen gäbe.

Auch das Gerede von der Demokratie und den Menschenrechten gilt immer nur so lange, wie es den imperialen Zielen nützt. Ist kein Nutzen mehr erkennbar, dann zählt der Mensch einen Dreck.

Deutschland ist heute nicht einmal mehr in der Lage, eigene Interessen zu formulieren, geschweige denn durchzusetzen.

Wir sind ein Land, das einem verirrten Schaf auf der Weide ähnelt.
Nur noch blocken können wir. Dabei rennen wir einer vermeintlichen Herde hinterher und merken nicht, es ist eine Horde Wölfe.

Die wollen uns nicht, außer wir sind nützliche Idioten für sie, oder sie haben Hunger.
Wie schrieb doch erst vor einiger Zeit eine israelische Zeitung? 30 Atombomben auf Deutschland und 30 Atombomben auf den Iran und Israel hat seine biblischen Feinde vernichtet.

Dabei wurde die israelische Atombombe doch mit deutschem Geld gebaut und Deutschland hat sich gegenüber Israel wirklich angestrengt.
Ich glaube, es war Begin, der das deutsche Geld nicht wollte, doch letztendlich sind unsere jüdischen Freunde Pragmatiker. Pecunia non olet...
Die USA und Israel, das kann man getrost sagen, die beiden sind ein wirkliches Team, wenn es um den Weltfrieden geht.

Trotzdem bleiben wir auf ewig miteinander verbunden über das, was die Israelis die Schoah nennen und was bei uns mit dem Fremdwort Holocaust ausgedrückt wird.

Um nun nicht im Getriebe der Welt zerrieben zu werden, müssen wir uns wieder auf das Besinnen, was uns ausmacht.

Wir sind auch ein großes Volk. Wenn einige Generationen der Deutschen schwere Schuld auf sich geladen haben, so ist das ein erheblicher Teil unserer Geschichte, aber eben nur ein Teil.

Ein Fliegenschiss ist es nicht, doch ist die Zeit darüber hinweggegangen und nur die Gegenwart ist veränderbar. Nicht die Vergangenheit und auch nicht die Zukunft.

Deshalb müssen wir politisch „nachjustieren" an unserer politischen Verfasstheit.

Um es als erstes zu sagen, das Grundgesetz, das eine Verfassung werden soll, wird in seinen wesentlichen Sachverhalten kaum Veränderung erfahren.

Der ewige Verfassungskern bleibt ohne Änderung erhalten. Falls Sie diesen nicht gleich zur Hand haben, will ich Ihnen auf die Sprünge helfen.

Der unabänderliche Verfassungskern besteht aus drei Artikeln. Artikel 1, die Menschenwürde, Artikel 20, das Grundgesetz in Kurzform, und Artikel 79 Absatz 3.

Dies bedeutet:

Deutschland muss für alle Zeiten ein demokratischer Bundesstaat bleiben, der die Menschenwürde als oberstes Staatsziel dauerhaft schützt, und diese grundlegenden Sachverhalte dürfen niemals geändert werden.

Es muss aber Ergänzungen geben, damit Sachverhalte, die einmal gut gemeint waren und zur Lüge wurden, korrigiert werden können.

Dabei steht im Mittelpunkt die Rolle des Souveräns, also des Bürgers, als Gestalter von Politik, sein Einfluss auf Politik und seine Bedeutung für Politik.

Derzeit ändert man hauptsächlich im Grundgesetz herum, wenn es ums Geld geht. Bei unserer Schuldenbremse, allein das Wort ist schon ein Witz, darf man getrost fragen, wann war die denn je in Betrieb?

2,5 Billionen an Schulden hat die Bundesrepublik inzwischen angehäuft. Wo und wann ist da jemals ein Bremsvorgang initiiert worden?

Auch deshalb muss es, und das ist gerechtfertigt, wieder das Element der direkten Demokratie geben, den Volksentscheid auf Bundesebene.

Zwei Sachverhalte sind damit vorerst zu entscheiden.
1. Das Grundgesetz wird nur durch das Entscheidungsvotum des Bürgers, also durch seine Zustimmung, zur Verfassung, die wir uns somit selber geben.
2. Über Kriegsbeteiligung oder Kriegsführung darf niemals mehr der Bundestag, nicht die Bundesregierung und auch nicht die EU entscheiden. Das entscheiden wir, die Bürger, denn die müssen letztendlich kämpfen und sterben und nicht zuletzt vorher bezahlen.

Also kommen wir zum zukünftigen Instrument des Grundgesetzes, das dem Bürger endlich jene Macht gibt, die ihm zusteht.
1. Jede neue Regierung hat nach den ersten hundert Tage die Bevölkerung zu fragen, ob die Regierungstätigkeit dem Grundgesetz entspricht oder nicht.
2. Nach zwei Jahre ist erneut diesbezüglich abzustimmen.

Bei diesen Abstimmungen kann nur Ja oder Nein angekreuzt werden.

Bei Ablehnung der jeweiligen Regierungsarbeit durch die Bürger muss die Regierung zurücktreten und es sind Neuwahlen durchzuführen.

Jeder deutsche Staatsbürger, der sich an der Abstimmung beteiligt, erhält vom Staat einen Account zugeteilt, der eine Art unverwechselbaren, individuell abgeschlossenen Gesellschaftsvertrag darstellt.

Erst damit wird der Bürger wirklich zum Souverän.

Ich gebe zu, sehr gerne würde ich auch noch gleich in der Verfassung die Begrenzung der Amtszeit des Bundeskanzlers auf 8 Jahre und die Marktwirtschaft als Verfassungsprinzip festschreiben. Aber ich will auch nicht unbescheiden werden.

Jedenfalls sollte über diese Dinge in breitester Form öffentlich diskutiert werden.

Für alle nochmals konkret. Das Grundgesetz bleibt so erhalten, wie es geschaffen wurde, nur mit einigen wenigen Hinzufügungen.

Ach ja, ich höre da den einen oder anderen, der da fragt, ob das nicht gefährlich ist, dem Bürger so viel Macht anzuvertrauen?

Und ob, meine Lieben.

Von dem Tag an, wo wir dieses Element der direkten Demokratie durchgesetzt haben, verliert jeder Staatsbürger das Recht, sich hinsichtlich der Politik ins Private zurückzuziehen und den lieben Gott einen frommen Mann sein zu lassen.

Von da ist die Teilnahme an der Politik, zumindest in Form der Abstimmungen, die Pflicht des Staatsbürgers und dafür muss er sich politisch informieren.

TEIL 2

Dieser Teil ist relativ kurz, aber er hat es in sich.

Ich stelle nochmals meine Vorstellung vom Volksentscheid zur Diskussion, einschließlich der Konsequenzen, die sich daraus ergeben, und wende mich eigentlich permanent an jene, die glauben, der Osten sei voller Nazis.

Ich lasse jedermann an meinen Erfahrungen zur Wendezeit in der DDR teilhaben und versuche durch die Beispiele Pandemie und Cum-Ex-Geschäfte Überzeugungsarbeit dahingehend zu leisten, wir sitzen alle im gleichen Boot, nämlich unten.

Auch wende ich mich der Judikative zu und hoffe sehr auf deren Unterstützung.

Eine Juristin stelle ich vor, denn sie ist der lebende Beweis dafür, dass nicht alles bis jetzt verloren ist.

Ergänzung A: Wie der Bürger
zum tatsächlichen Souverän wird

Es ist eine Binsenweisheit, wir als Bürger sind durchsichtig. Wir können inzwischen nicht einmal mehr erahnen, wie viel bestimmte Organisationen oder Institutionen über uns als Gewohnheitsmenschen schon wissen. All unsere Eigenheiten bezüglich Freizeit, Konsum, Mediennutzung und Einkommensverhältnisse sind irgendwem bekannt.

Die Krankenkassen haben ein Wissen über unsere Körper erlangt, das beängstigend ist.

Jede Scanner-Kasse in einem Supermarkt merkt sich mehr über uns als wir selber.

Sollte der elektronische Euro eingeführt und das Bargeld abgeschafft werden, dann hat der Staat eine Übermacht erreicht, die einzelne Politiker in den Status von Göttern erhebt. Deren Macht hat dann also kaum noch Grenzen.

Langer Rede kurzer Sinn, es ist unzweifelhaft möglich, riesige Datenbanken zu schaffen, die den Bürger in seiner Gesamtheit abzubilden vermögen.

Es ist schon richtig, noch sind diese Datenbanken nicht vernetzt, ist dieses Wissen um und von uns noch partiell. Aber wie lange noch? Die KI steht schon in den Startlöchern, neben sich den Quantencomputer.

So gefährlich dieser Sachverhalt auch ist, will ich doch auf etwas anderes hinaus.

Für jeden Menschen müsste einsehbar sein, es ist unzweifelhaft möglich, eine politische Datenbank zu erschaffen, die alle Staatsbürger enthält und somit den Souverän abbildet.

Als Konservativer bin ich fest davon überzeugt, der Eintrag in diese Datenbank sollte freiwillig erfolgen, aber auch darüber muss man diskutieren.

Die Übergabe des Accounts, die erst mit Erreichung der Voll-
jährigkeit erfolgen kann, ist dann eine Art Gesellschaftsvertrag,
den der Mensch mit seinem Staat schließt und mit dem er zum
Staatsbürger wird.

Der Vertrag sollte für jeden die Verpflichtung enthalten,
das Grundgesetz und seine Werteordnung zu respektieren und
zu schützen.

Man könnte das sehr wohl feierlich gestalten und wenn man
will, auch ein Lied dabei singen.

Womöglich die Nationalhymne.

Dieser Account berechtigt also den Staatsbürger zur Abstimmung über die Arbeit der Regierung.

Der Staatsbürger kann nur mit Ja oder Nein abstimmen und
die dazu notwendigen Fragen sind vom Bundesverfassungsgericht zu erarbeiten.

Es darf dabei immer nur um die eine wesentliche Frage gehen,
hält sich die Bundesregierung an das Grundgesetz oder nicht.

Hundert Tage nach jeder Regierungseinführung durch die Bundestagswahl muss abgestimmt werden.

Nach der Hälfte der Legislaturperiode, also nach zwei Jahren Regierungszeit, ist erneut abzustimmen.

Sollte sich die jeweilige Regierung dem Grundgesetz unterwerfen, dann darf sie sich als vom Souverän gelobt betrachten.

Ist mehr als die Hälfte der Staatsbürger allerdings der Meinung,
die Regierung regiert am Grundgesetz und am Souverän vorbei, wie das die derzeitige Ampelregierung tut, dann muss sie
zurücktreten.

Die Auswertung der Abstimmungen erfolgt durch das Bundesverfassungsgericht und wird von dort der Bundesregierung
und dem Bundestag mitgeteilt.

Natürlich muss dazu ein eigenes Gesetz erstellt werden.

Ich weiß sehr wohl, würden wir heute, Ende Januar 2024, über den Ukrainekrieg abstimmen, wäre keineswegs sicher, ob man sich für den Frieden entscheiden würde.

Schließlich leben wir in einer Propagandamatrix, wie ein kluger Professor in einem klugen Buch mal geschrieben hat.

Ich mache deshalb folgenden Vorschlag, mit leichtem Augenzwinkern:

Das Gesetz zum Volksentscheid auf Bundesebene sollte für alle Kriegsbefürworter die Verpflichtung enthalten, selber an diesem Krieg teilzunehmen oder sich finanziell daran zu beteiligen.

Den finanziellen Aspekt führe ich deshalb an, weil ich es für außerordentlich bedenklich halte, Leuten wie Frau Strack-Zimmerman oder Herrn Reithofer Waffen überhaupt auszuhändigen, denn die sind auch so schon für die eigenen Reihen eine Gefahr.

Es wäre aber mehr als wünschenswert, wieder eine unabhängige, vertrauenswürdige 4. Gewalt zu haben.

Auch darüber sollten wir diskutieren.

In dem noch zu schaffenden Gesetz sollte enthalten sein:

Gelingt es der Bundesregierung nach den Abstimmungen durch welche Aktionen auch immer, sich im Verborgenen an irgendwelchen Kriegshandlungen zu beteiligen, so muss dies durch die Medien oder durch Bürger öffentlich gemacht werden.

Dann muss der Generalbundesanwalt im Auftrag des Bundesverfassungsgerichts gegen die Bundesregierung ermitteln.

Wird dann der Verdacht zum Tatbestand, muss das Bundesverfassungsgericht den Bundesrechnungshof anweisen, alle Zahlungen sofort zu blockieren, die im Zusammenhang mit dem Konflikt oder Krieg stehen.

Von diesem Zeitpunkt an steht die Bundesregierung unter der Kontrolle des Bundesverfassungsgerichtes und der Bevölkerung.

Die Bevölkerung ist über den jeweiligen Sachstand zeitnah zu informieren, denn es ist einer Demokratie unwürdig, wenn Regierungsstellen mehr wissen als der Bürger.

Damit werden das Bundesverfassungsgericht und der Souverän zu den wirklichen Hütern der Verfassung.

Aus meiner Sicht ist die Beteiligung der Bevölkerung schon deshalb eine absolute Notwendigkeit, weil derzeit nicht so ganz klar ist, ob denn das Bundesverfassungsgericht tatsächlich das Grundgesetz und nicht doch etwa die Bundesregierung beschützt.

Nach zwei Jahren Regierungszeit muss erneut abgestimmt werden, um festzustellen, ob die Regierung zurücktreten muss oder ob sie im Amt verbleiben kann.

Nach weiteren 2 Jahren sind dann 4 Jahre um und es wird sowieso neu gewählt.

Ich gebe zu, zwei Jahre sind immer noch eine lange Zeit, um politischen Unsinn zu verzapfen, doch es wäre ein Anfang.

Generell will ich natürlich noch anfügen, ich bin Pragmatiker. Sollte jemand bessere Ideen haben, wie man die Bundesregierung oder den Bundestag bei kriegerischen Konflikten an die Kandare des Souveräns legt, dann heraus damit.

Natürlich muss so etwas geübt werden, doch wir wissen, jede Reise beginnt mit dem ersten Schritt.

Nicht weniger als das Ergebnis der Magna Charta Libertatum von 1215 muss erreicht werden.

Damals hat der niedere Adel von England den König gezwungen, bei Kriegsführung den niederen Adel zumindest zu fragen, ob der das Geld dafür gibt.

Ich gebe zu, es würde mich auf unser Volk sehr stolz machen, wenn ausgerechnet die Deutschen in der heutigen Zeit ihre Regierung derart „domestizieren" könnten.

Ich habe noch zwei Nachrichten anzufügen.

Wollen wir tatsächlich ernsthaft politisch mit beiden Beinen auf dem Fundament unsres Grundgesetzes stehend, um den Volksentscheid als Element der direkten Demokratie kämpfen, dann müssen wir die Mehrheit mit unseren Argumenten und ohne Gewalt überzeugen. Ein Buch reicht dazu nicht aus.

Sollten wir es in der Form anstreben, wie ich es vorgeschlagen habe, den Account also auf freiwilliger Basis und erst dann die verpflichtende Teilnahme an der Abstimmung, dann verlassen wir die Demokratie des ganzen Volkes und bewegen uns auf die Aristokratie zu.
Aristokratie bedeutet übrigens nach Aristoteles, Herrschaft der Besten.

Nichts ist ohne Konsequenzen!

Es gibt viel zu bedenken und zu diskutieren.

Als Demokratie müssen wir aber dazu kommen, dass uns die Mächtigen fragen müssen, wie weit sie gehen dürfen, wo ganz konkret ihre Grenzen liegen, am Anfang wenigstens in der Frage Krieg und Frieden.

Vorerst!

Wenn das einmal funktioniert, und es wird funktionieren, dann kann man sehr wohl die Entscheidungsrunde auch ausweiten.
Womöglich findet eine Mehrheit der Deutschen diesen Sachverhalt vernünftig, nun, dann würden wir gleichzeitig der tiefen Spaltung unseres Volkes entgegenwirken.

Denn was zurzeit mit dem Staatshaushalt und der allgemeinen Verschuldung Deutschlands fabriziert wird, ist mindestens abenteuerlich, wenn nicht gar ein Verbrechen am Volk.
Kohl hat in einem Akt absoluter Selbstherrlichkeit die D-Mark geopfert.

Merkel ist daran gegangen, die Demokratie auszuhebeln.

Die Ampel legt nicht nur Hand an den physischen Euro und die Demokratie, nein, sie will auch noch die Wirtschaftsordnung, die Soziologie der Gesellschaft und die Familie deformieren.

Wir müssen handeln und aufwachen!

Wenn Sie mit wachem Verstand die Proteste der Bauern und anderer Gesellschaftsgruppen im Januar 2024 beobachten, dann wird schnell klar, was die Regierung für eine Strategie fährt.

Einerseits die Proteste ignorieren und andererseits stetig daran erinnern, wo die Grenzen des Demonstrationsrechts und die Grenzen der Meinungsfreiheit für den Bürger liegen.

Natürlich muss auch stetig die Gefahr von „Rechts" beschworen werden, wobei Millionen Menschen instrumentalisiert werden, gegen einen Gegner zu demonstrieren, der nahezu ausschließlich in der Vergangenheit existiert.

Dass dabei auch der Bundesregierung Grenzen gesetzt sind, kommt derselben aber nicht in den Sinn.

Nur das ist der Grund dafür, dass hier der Schwanz mit dem Hund wedeln kann.

Der Bundespräsident und der Bundeskanzler sind die Repräsentanten aller Deutschen!

Ergänzung B: Warum lässt sich unser Volk von der Politik spalten?

Personifiziert man diese Frage, so liegt die Antwort auf der Hand.

Ob man nun Herrn Kühnert, oder Frau Baerbock oder Herrn Habeck oder Frau Roth oder Herrn Scholz oder Herrn Steinmeier oder Frau Faeser oder Frau Göring-Eckardt nimmt, allen ist gemeinsam, sie scheren sich recht wenig um das Grundgesetz.

Gemeinsam haben sie eine Vorstellung von der Welt, wie sie sein soll, und die versuchen sie mit allen Mitteln umzusetzen.

Was andere Gruppen denken, interessiert sie nicht. Sie wollen natürlich ihre Macht erhalten und auch ihren Platz an den Fleischtöpfen nicht verlieren.

Inwieweit die Menschen dabei bereit sind, dies mitzutragen, ist für diese Leute gleichgültig.

Schließlich geht es um sehr viel. Mit der Nazikeule, „Gemeinsam gegen Rechts" schlagen sie deshalb die demokratischen Eckpfeiler des Grundgesetzes kurz und klein, nur um ihre rotgrüne Ideologie umzusetzen.

Bei den Grünen kommt hinzu, sie können sich nicht mit anderen Meinungen auseinandersetzen, da ihr Wissen über die Welt bruchstückhaft ist und nicht auf Fakten, sondern auf Werten basiert.

Was auch immer das für Werte sein mögen, Akzeptanz von Meinungsfreiheit, Chancengleichheit, Anstand oder Wahrheitsliebe gehören nicht dazu.

Wer kein Studium zu Ende bringen kann, kann auch keine Bücher, die mehr als 12 Seiten haben, lesen. Der braucht einen Dienstleister, der das Ganze zusammenfasst, einem das Wichtigste erklärt und einem zeigt, wie man sich der Öffentlichkeit präsentiert.

In dieser Öffentlichkeit besteht dann das bestimmende Element darin, wie man mit wenig Wissen viel Angst erzeugt und wie man junge Menschen ohne irgendwelche Erfahrungen für die eigenen Zwecke instrumentalisiert.

Diese haben ja dann die Halbgebildeten als Vorbild. Diese Vorbilder haben nicht nur den öffentlichen Raum okkupiert, sie bedienen sich auch mit nie dagewesener Schamlosigkeit am Staat, sodass sie sich selbst Frisörbesuche und fotografisches Ablichten der eigenen Schäbigkeit vom deutschen Steuerbürger bezahlen lassen.

Wie sagte doch im Deutschen Bundestag eine Dame? Auch ohne Studienabschluss hat man das Recht, Mitglied des hohen Hauses zu sein.

Recht hat sie, denn es gibt tatsächlich kein Gesetz, das den Sachverhalt verbietet, von solchen Nichtfachleuten regiert zu werden.

Wie übersetzen die Griechen doch gleich das Wort Nichtfachleute?

Doch wir wollen uns ja der Eingangsfrage widmen, warum so viele Menschen diesen Nichtfachleuten glauben und folgen.

Noch einmal möchte ich mich explizit an jene Menschen wenden, die mich vielleicht doch für einen Nazi und Rechtsradikalen halten.

Die Medien, elektronische und Printmedien, spielen in unserer Gesellschaft eine überragende Rolle. Dort sind inzwischen die zentralen Stellen von Leuten mit dem richtigen Parteibuch bzw. der richtigen Gesinnung besetzt, und schon funktioniert Propaganda und Beeinflussung.

Die gleiche Meinung zu haben, ist nun keine Meinungsdiktatur mehr, sondern man nennt das jetzt Wertegemeinschaft.

Nicht nur der Medienstaatsvertrag, auch die Demokratie verlangt aber die Meinungsvielfalt.

Eine andere Meinung ist in einer Demokratie nicht nur normal, sie ist auch zwingend erforderlich.

Wertebasierte Meinungseinheit ist nichts anderes als Meinungsdiktatur.

Sind wir da noch einer Meinung?

Derzeit haben wir es über die Medien mit einem übermächtigen Feind zu tun, denn die medialen Profis nutzen rücksichtslos jede unserer menschlichen Schwächen aus.

Ich gebe dazu wieder ein Beispiel.

Sicherlich kennen viele von Ihnen jenen berühmten Versuch von Stanley Milgram, der sich nach dem 2. Weltkrieg anschickte herauszufinden, worin denn die besondere Grausamkeit der Deutschen bestünde.

Gefunden hat er die Tatsache, dass alle Menschen, egal welcher Hautfarbe oder Nationalität, unter bestimmten Umständen dazu gebracht werden können, ihre Mitmenschen ganz sachlich und neutral, nur mit den besten Absichten, umzubringen.

Man kann diesen Menschenversuch jederzeit in Büchern nachlesen.

Weniger bekannt ist leider der Menschenversuch von Solomon Ash, einem Kollegen von Milgram.

Ash also macht Folgendes. Er stellt in einem Raum eine Anzahl Stühle in eine Reihe. Die genaue Anzahl habe ich vergessen, ist jedoch auch nicht so wichtig.

Wir nehmen für unsere Beschreibung mal die Zahl 10 an.

Zehn Stühle stehen in einem Raum nebeneinander. Auf diesen Stühlen werden 9 Personen platziert, die in den Versuchsablauf eingeweiht sind. Der zehnte Stuhl bleibt für das Untersuchungsobjekt frei.

Es werden 10 Fragen vorbereitet, von denen 9 ganz allgemeines Wissen abverlangen. Etwa in der Art: Wie heißt die Hauptstadt Frankreichs?

Die 10. Frage aber ist etwas anders. Sie lautet: „Welches ist der längste Strich?" Dazu wird den Versuchsteilnehmern eine Tafel gezeigt, auf der sich drei Striche befinden. Der erste Strich, mit a bezeichnet, ist der kürzeste, der zweite, mit b gekennzeichnet, ist der längste und der dritte Strich ist der mittellange, mit c gekennzeichnet.

Nun werden die ersten 9 Fragen gestellt, von allen Versuchsteilnehmern gleich richtig beantwortet, und unser Proband kann sich leicht den anderen anschließen, bildet also mit den 9 Leuten eine Art Gemeinschaft.

Nur bei Frage 10 sagen alle 9 Eingeweihten anstelle der richtigen Antwort b einfach c.

Was passiert?

Um es nochmals zu verdeutlichen. Alle Versuchspersonen sehen vor sich die Tafel mit den drei Strichen und es ist eindeutig, b ist der längste Strich. Doch neun Personen vorher behaupten, ohne zu zögern, es wäre der mittellange Strich, also c.

Was passiert?

Ja, es gibt sehr wohl eine Mehrheit von Probanden, die sich nicht beirren lassen und trotzdem mit b antworten.

Aber es beeindruckt, wie viele Menschen plötzlich ihren Verstand wider besseren Sehens verleugnen, nur um zur Masse zu gehören. Sie folgen wie die Schafe ihrem Leithammel, auch wenn der zur Schlachtbank läuft.Wohlgemerkt, hier geht es nur um drei unterschiedlich lange Striche.

Übertragen Sie das jetzt auf unsere politische Öffentlichkeit und auf die verschiedenen Medien, dann können Sie, wenn Sie tatsächlich noch demokratisch empfinden, erfassen, warum nicht die AfD unsere demokratische Grundordnung gefährdet, sondern die derzeitige Ampelregierung und natürlich deren verlängerter Arm, die staatstragenden Medien.

Wenn die Medien als 4. Gewalt sich dem Staat unterwerfen, dann werden sie mit zu Totengräbern der Demokratie.

Für die Lügen dieser Medien gilt Folgendes, es stammt, glaube ich, von Kant: Die glaubwürdigste Lüge ist jene, bei der der größte Teil der Lüge aus Wahrheit besteht.

Zwei einfache Fragen diesbezüglich.

Hat Frau Faeser ausgehend vom Grundgesetz das Recht, Menschen dazu aufzufordern, sich nicht mit AfD-Politikern zu treffen?

Hat Herr Pistorius ausgehend vom Grundgesetz das Recht, Deutschland wieder kriegstauglich zu machen?

Wer zu diesen Fragen „ja" sagt, der will zur Masse gehören, obwohl er eine andere Wirklichkeit vor Augen hat.

Niemand hat das Recht, einem deutschen Staatsbürger vorzuschreiben, mit wem er sich treffen darf und mit wem nicht.

Und die Präambel des Grundgesetzes, der Artikel 1 und der Artikel 26 zwingen uns zur Friedfertigkeit.

Wenn Sie also mit „nein" antworten würden, dann stehen Sie beidbeinig auf dem Grundgesetz, im übertragenen Sinn natürlich. Allerdings wird es dann um Sie herum recht kühl und relativ einsam.

Was also tun?

Artikel 20 Abs. 4 lautet:

„Gegen jeden, der es unternimmt, diese Ordnung zu beseitigen, haben alle Deutschen das Recht zum Widerstand, wenn andere Abhilfe nicht möglich ist."

Bevor Sie jetzt überlegen, welchen Gegenstand Ihres Haushaltes Sie als Waffe zur Verfügung hätten, will ich Ihnen entgegenrufen: „Gemach, gemach".

Nächstes Jahr sind eine ganze Reihe von Wahlen.

Dort dürfen Sie Ihr Kreuz oder Ihre Kreuze setzen, wo immer Sie wollen. Nancy oder die durchgestylte Prinzessin Tausendschön haben da nichts zu bestellen.

Aber Sie können noch etwas tun, wenn Sie Mut haben.

Dazu muss ich Ihnen eine Geschichte über das dänische Königshaus erzählen.

Der dänische König, der während des 2. Weltkriegs dort regierte, der musste, da Dänemark ebenfalls von Deutschland besetzt war, mit den Besatzern auskommen.

Wie in allen besetzten Ländern sollte natürlich der Befehl vom grausigen Heinrich erfüllt werden, Europa von den Juden zu befreien, indem man dieselben erst einmal einfängt und dann deportiert und dann vergast.

Also kamen die Häscher eines Tages nach Dänemark und wollten die Juden einfangen.

Da aber stand plötzlich dieser König vor dem obersten Häscher und – jetzt halten Sie sich fest, Sie werden es nicht glauben wollen. Also dieser König stand da so vor dieser SS-Größe und er trug einen gelben Stern, den Judenstern, mitten auf der Brust.

Das war nicht lustig für die SS. Was sollten die Jungs mit den schwarzen Uniformen und den silbernen Totenköpfen am Kragen tun?

Ich will Ihnen sagen, was sie taten. Sie gingen wieder fort, nicht gerade nach Hause, aber die Häscher verließen Dänemark. Nicht die Besatzer, die gingen erst etwas später, aber auch sie nahmen die Juden nicht mit.

Man wollte sie sich wohl für später aufheben.

Doch manchmal sind tausend Jahre relativ kurz.

Die dänischen Juden haben überlebt.

Nun will ich Ihnen gleich sagen, ich habe für Königshäuser und Könige nichts übrig. Aber der, der hat seinem Stand Ehre gemacht. Offensichtlich ein König, der wusste, was die tatsächliche Aufgabe eines Königs einmal war. Verneigen würde ich mich nicht vor ihm, aber in einem überfüllten Intercity, da würde ich jederzeit für so einen Mann aufstehen und meinen Platz freimachen.

Was lernen wir daraus?
Wir brauchen manchmal nicht nur eine Wirbelsäule.

Der Moment, wo der Bürger zum ersten Mal aus der namenlosen Masse aufsteht, wo er zum politischen Individuum mit Eigeninteresse und Selbstbehauptung wird, der ist der schwierigste.
Die Gemeinschaft gibt Wärme. Freud hat das mit den Worten ausgedrückt, der Mensch will geliebt werden.

Wird aber die Gemeinschaft auf Trägheit, Bequemlichkeit und Verantwortungslosigkeit ausgerichtet, weil man sie missbrauchen will, dann muss der einzelne Bürger aufstehen und handeln.

Das aber bringt Verletzlichkeit und Niederlage mit sich und deshalb sind wir nur stark, wenn viele mitmachen.

Den Mut zum politischen Reagieren muss aber jeder selbst aufbringen, indem er sich überwindet und den Mut hat, sich dem Unrecht auch allein oder nur mit wenigen entgegenzustellen.
Und egal auf welcher Seite Sie stehen, niemals dürfen Sie vergessen, die anderen sind ebenso Teil der Gesellschaft wie man selber.

Übrigens, die Bundesrepublik besitzt keine Staatssicherheit, nur einen Verfassungsschutz. Einmal ein Bundesamt für Verfassungsschutz und 16 Landesämter.
In Thüringen heißt der Häuptling davon, ich glaube, Kramer.

Wenn deren Oberhäuptling öffentlich verkündet hat, die Hauptaufgabe dieses Dienstes bestünde darin, die Zustimmung der Bevölkerung zur AfD zu verringern, nicht etwa im Schutz unseres Grundgesetzes, dann irrt der Herr sehr.

Wird man zu einem Prüffall für diesen Inlandsgeheimdienst, dann überwacht er die Menschen oder Organisationen.

So hat das auch die Staatssicherheit getan.

Vielleicht erinnern Sie sich, am Anfang der Montagsdemonstrationen haben Zivilangehörige der Stasi neben den Volkspolizisten auf die Demonstranten bei den Montagsdemonstrationen eingeprügelt.

Man glaubte, so genug Angst erzeugen zu können, damit die Bevölkerung endlich wieder Ruhe gibt.

Aber der Geist war aus der Flasche.

Der über Jahrzehnte aufgebaute Nimbus der Staatssicherheit wurde schlicht dadurch zerstört, dass die DDR-Bürger bei jedem öffentlichen Auftritt zuerst ihre Namen und dann ihre Adresse genannt haben, eben deshalb, damit die Genossen Tschekisten nicht erst in ihren Listen heraussuchen mussten, wer denn da spricht.

Da wurden plötzlich die Mächtigen sehr nachdenklich, die Angst der Bevölkerung war unzureichend, das Prügeln hörte auf und – nun, den Rest kennen Sie.

Was glauben Sie, wie viel Selbstanzeigen würde der Verfassungsschutz tatsächlich bearbeiten können, wenn Bürger folgenden Antrag stellten:

Beispiel für eine Selbstanzeige

Sehr geehrte Mitarbeiter
des Thüringer Verfassungsschutzes!

Durch die derzeitige Bundesregierung und durch die Bericht-erstattung in den öffentlich-rechtlichen Medien bin ich auf das Höchste verunsichert.
Mein bisheriges Leben hat sich grundsätzlich am Strafge-setzbuch, an der Thüringer Verfassung und somit auch am Grundgesetz orientiert.
Ich bejahe alle Gesetze und bin auch nicht vorbestraft.
Da ich aber der Arbeit dieser Regierung gerade bezüglich Krieg und Frieden ablehnend gegenüberstehe, besteht die Gefahr, dass ich als Rechtsextremer bzw. als Nazi bezeichnet werde.
Daher bitte ich um Überprüfung meiner Person durch ihr Amt.
Bitte teilen Sie mir Ihr Prüfergebnis schriftlich mit.
Mit freundlichen Grüßen

Name
Adresse

Letzte Bemerkung dazu: Der Verfassungsschutz hat sich grund-sätzlich, soweit ich weiß, aus öffentlich zugänglichen Quellen zu unterrichten.

Ergänzung C: Warum ich ab heute auf der rechten Seite bin!

Freitag, 4. Oktober 24. Unser Land ist in Gefahr, in den Totalitarismus zu schlittern. Jeder ehemalige DDR-Deutsche hat das schon einmal erlebt und deshalb stehen viele von denen auf der rechten Seite, in der Nähe der AfD.

Die Begriffe „rechts" und „links" als politische Slogans kommen von der Sitzordnung im Parlament her. Rechts sitzt das Bürgertum, Konservative, die bewahren wollen, was gut und vernünftig ist.

Links sitzen die, die alles Neue für Fortschritt halten und die vorgeben, die Armen und Unterprivilegierten an der Macht zu beteiligen.

Herrschaft der Arbeiterklasse hieß das in der DDR. Gemeint war jedoch, Herrschaft über die Arbeiterklasse.

In einer Demokratie streiten sich Rechts und Links in Debatten und wenn auf beiden Seiten genug Bildung und Vernunft ist, dann einigt man sich in der Regel auf einen Kompromiss.

Denn es gibt sehr wohl Fortschritt, der notwendig ist, wie es auch Bewahrenswertes und Gutes gibt, das nicht mehr in die Zeit passt.

Das Fundament, auf dem dann die beiden politischen Lager stehen, sollte das Grundgesetz sein.

Sowohl die SPD als auch die Grünen haben durchaus schwere politische Kämpfe ausgefochten, nur um dort zu sein, wo sie heute sind.

Was jedoch die derzeitige Ampelregierung an politischer Arbeit abliefert, zwingt jeden Demokraten auf die rechte Seite.

Nur um sicher zu gehen, der rechten Seite anzugehören, bedeutet nicht, rechts im Sinne von Rot-Grün zu sein!

Viele Wörter in unserer deutschen Sprache sind doppeldeutig!

Fassen wir zusammen:

Der Slogan „Gemeinsam gegen Rechts" ist verlogen und bösartig, weil er suggeriert, es ginge gegen Nazis und Faschisten. In Wirklichkeit diffamiert er das gesamte bürgerliche Lager, was tatsächlich gewollt ist.

Was man will, ist ein Staat, der links ist.

Mit den Nazis und Faschisten in der Ukraine hat in der Ampel offensichtlich niemand ein Problem.

Selbst als in Kanada ein alter Kämpfer aus der SS-Division „Galizien" mit stehendem Applaus bedacht wurde, klatschten die Grün-Roten mit.

Ein rechter Demokrat weiß, der Nationalsozialismus kommt von links.

Der Krieg in der Ukraine ist für Europa und die Welt eine Katastrophe, weil deutlich wird, man hat nichts Dauerhaftes gelernt aus den Weltkriegen zuvor.

Besonders tragisch ist, auch die Schlussakte von Helsinki und die darin enthaltenen Prinzipien werden von der derzeitigen herrschenden Klasse, nicht nur in Deutschland, schlicht ignoriert.

Für Deutschland ergibt sich das Furchtbare daraus, dass das Friedensgebot des Grundgesetzes und der Artikel 1 einfach ignoriert werden aufgrund einer sogenannten werteorientierten Außenpolitik.

Neben dem blutigen Krieg bringt diese Außenpolitik, die offensichtlich von der EU geteilt wird, noch die tiefe Spaltung Europas und der Welt mit sich, die man doch überwunden geglaubt hat.

Damit dieser Irrsinn aufhört, bin ich ab heute auf der rechten Seite.

Jeder einigermaßen gebildete Mensch weiß, das Wetter und das Klima sind permanenten Änderungen unterworfen.

Viele Zusammenhänge durchschaut der Mensch nicht. Deshalb ist Forschung und Diskussion der Ergebnisse eine Notwendigkeit, nicht Diskreditierung und Datenfälschung.

Wenn nach wissenschaftlichen Untersuchungen etwa herauskommt, vor dem Anstieg des CO_2 steigt erst einmal die Temperatur, dann muss darüber diskutiert, nicht stigmatisiert werden.

Damit das wieder zur Selbstverständlichkeit wird, bin ich politisch auf der rechten Seite.

Es ist durchaus wünschenswert, unsere Energieversorgung nachhaltiger zu gestalten. Aber nur politische Tiefflieger schalten die Kern- und Kohlekraftwerke zuerst ab, nur um dann zu sehen, ob die Alternativen ausreichen.

Und dann regt man sich im Bundestag auf, weil die französischen Kernkraftwerke nicht genug Energie nach Deutschland liefern.

Es tröstet wenig, dass unsere alpenländischen, nachbarlichen Schluchtenbewohner das schon vor Jahren durchgezogen haben und immer noch auf Atomstrom angewiesen sind, halt aus Frankreich.

Auch deshalb bin ich auf der rechten Seite.

Jeder demokratische Rechte weiß, wir verdanken den Amis viel. Nicht ganz so viel, wie sie selber glauben, aber die Einbindung in den Westen hat für Deutschland die Demokratie gebracht.

Unser Dank soll ihnen gewiss sein, nicht unsere Selbstaufgabe.

Der Alptraum, den die Amis träumen, die Deutschen und die Russen werden verlässliche Partner, ist nur in den kranken Gehirnen des amerikanischen Establishments eine Bedrohung.

Eben weil Deutsche und Russen einander schon genug angetan haben und weil wir wirklich einander brauchen, deshalb bin ich auf der rechten Seite.

Das gilt übrigens für ganz Europa, das mit der Verlässlichkeit und der Partnerschaft, denn dazu hat sich Europa schließlich einmal zusammengetan.

Wer hätte je geglaubt, dass es ausgerechnet eine deutsche Frau sein wird, die das friedliche Europa derart in den Dreck tritt und deformiert, ohne überhaupt vom Volk gewählt zu sein?

Schon um diese Person aus Amt und Würden zu bringen, bin ich auf der rechten Seite.

Ich bin auch auf der rechten Seite, weil ich andere Schulen und Universitäten will.

An Schulen soll wieder gebildet und erzogen werden.

Und an Universitäten soll studiert, nicht demonstriert werden.

Die Welt hat wahrlich genug Probleme, die auf eine Lösung warten.

Studenten, die genug Zeit und Muße haben, Andersdenkende niederzuschreien oder auszugrenzen, sollen zu Fußballspielen gehen, nicht in die Vorlesung.

Ja, und ich bin auf der rechten Seite, weil ich glaube, wir brauchen eine Wehrpflichtarmee zum Schutz unserer Außengrenzen, mit dem Ziel, in zwanzig oder dreißig Jahren aus dieser Armee ein technisches Hilfswerk zu machen, welches die Dienstpflicht für das Hilfswerk übernimmt.

Diese Dienstpflicht hat sich auf Männer und Frauen zu erstrecken.

Der Geist dieser Armee muss bestimmt sein von dem, was Helmut Schmidt einmal „die innere Führung" genannt hat.

Ausdrücklich möchte ich betonen, diese Armee braucht uns schon deshalb nicht vor Russland zu schützen, weil die Russen nicht unsere Feinde sind.

Aber wir müssen endlich mit diesem großen Staat wieder vernünftig umgehen, auch deshalb, weil diese Völker in ihrer jüngeren Geschichte unglaubliche Grausamkeit und Ungerechtigkeit erlebt haben. Diese Menschen wieder mit deutschen Waffen zu bedrohen und zu töten ist gegen jegliche menschliche Moral.

Ob die Polen tatsächlich unsere Freunde sind, weiß ich derzeit nicht.

Der wichtigste Grund jedoch, warum ich auf der rechten Seite bin, ist die Wirtschaft.

Deutschland ist nicht deshalb aus den Trümmern des verlorenen 2. Weltkriegs auferstanden, weil Ludwig Erhard den Staat immer mehr hat ausufern lassen.

Dies hat die DDR gemacht und am Ende der 40 Jahre dafür bezahlt.

Erhard hat den Menschen ihre Freiheit und ihre Verantwortung für sich selbst zurückgegeben, indem er den Staat auf Aufgaben beschränkte, die er erfüllen kann.

„Soviel Staat wie notwendig, soviel Markt wie möglich", war sein Credo. Und auch das Ergebnis ist bekannt.

Es gehört zur historischen Wahrheit diesbezüglich, nur weil die Jahrzehnte vor der Ampel und vor der „butterfingrigen Balalaikaspielerin" (leider nicht meine Erfindung) aus der Uckermark so erfolgreich waren, kann man heute selbst die Substanz dieses Erfolgs noch verschleudern.

Was Herr Scholz und Frau Baerbock nach der Verschuldungsorgie übriglassen, wird der Selbstdarsteller und ungekrönte König der Ahnungslosen Herr Habeck zusammen mit Frau Mazzucato kurz und klein schlagen, wenn wir sie lassen.

Für jeden auf der rechten Seite gehört deshalb die Marktwirtschaft als verpflichtendes Prinzip in die neue Verfassung.

Ergänzung D: Was wir aus der Pandemie lernen müssen

Noch einmal wende ich mich an Sie, ja an Sie, die Sie da auf Groß-demonstrationen herumstehen und Schilder hochhalten, auf denen steht „Nie wieder Faschismus", „Nie wieder ist jetzt", „Nazis raus".

Ohne Zweifel ehren Sie diese Schilder. Nur, das, was da steht, wollen wir alle.

Haben Sie auch die anderen Schilder gesehen? Die Kommentare im Internet gelesen, die Sprechchöre gehört?

AfD = Nazis. AfD-ler töten. Wir hassen die AfD.

Jede Demokratie lebt vom Streit der Meinungen. Ich bin nicht Mitglied der AfD, doch ich werde immer auf der Seite der AfD stehen, solange diese Partei mit so unfairen und bösartigen Mitteln bekämpft wird.

Jede Oppositionspartei steht unter dem Schutz des Grundgesetzes!

Ich will einmal mehr versuchen, Sie mit Hilfe von zwei weiteren Beispielen darüber zu informieren, warum die derzeitige Regierung der Demokratie feindlich gegenübersteht.

Ich beginne mit der vergangenen Pandemie.

Kommen Sie mir jetzt bloß nicht damit, Sie könnten es nicht mehr hören.

Gerade in der Zeit der sogenannten Pandemie wurden von der damaligen Regierung, von geldgierigen und unmoralischen Wissenschaftlern und natürlich von den öffentlich-rechtlichen Medien jene Schienenstränge gelegt, die uns heute, wenn wir es zulassen, direkt in den Totalitarismus führen werden. Und von da ist es nur noch der berühmte Katzensprung zu einem neuen Faschismus, der sich aus Klimawahn und angeblichem Gesundheitsschutz zusammensetzt.

Klingt das absurd? Ja?

Nehmen Sie zur Kenntnis, wir leben bereits in Absurdistan, wie ein kluger Beobachter dieser Zeit schon festgestellt hat.

Unsere Zeit ist gekennzeichnet von Besonderheiten, die sich vor zwanzig Jahren noch keiner hat vorstellen können.

Dass die Meinungsfreiheit nichts mehr gilt, dass Andersdenkende ausgegrenzt, verhöhnt und stigmatisiert werden, dass man ihnen ihre wirtschaftliche Grundlage nimmt und sie sogar kriminalisiert, ist doch schon Alltag.

Wir bauen keine Brücken mehr, sondern Grenzzäune. Wie schrieb doch einer von jenen intelligenten reichen Lumpen? Mit politischen Systemen, die nicht so sind wie der Westen, mit denen sollten wir nicht mehr verhandeln und sprechen.

Was bleibt dann außer Krieg übrig?

Lesen Sie die Zeitungen, verfolgen Sie die verschiedenen Sendungen im Fernsehen, viele reden und argumentieren so, als ob wir bedroht würden und schon Kriegspartei wären.

Nicht einmal ein Jahrhundert hat die Vernunft überlebt, die sich aus dem Wahnwitz, dem Grauen und dem unendlichen Leid des 2. Weltkrieges gebildet hatte.
    Was uns Jahrzehnte Frieden gebracht hat, Wandel durch Handel, Wandel durch Annäherung, Nichteinmischung in die inneren Angelegenheiten von Staaten oder auch verschiedene Verträge über das Verbot bestimmter Waffen, wird beiseite geworfen wie nutzloses Spielzeug.

Wissenschaft ist nicht mehr Suche, Zweifel, Streit und Diskussion, Wissenschaft ist inzwischen Gesinnung geworden, weil Menschen dieses Land führen, die zwar noch Lesen können, die aber die Bedeutung von vielen Wörtern einfach nicht mehr kennen und schon gar nicht verstehen.

Wenn es ums Geld geht, dann fallen alle Schranken und Hemmungen.

Es war Karl Marx, der bereits wusste, bei mehreren Hundert Prozent Gewinn gibt es keine Moral mehr, keine Menschlichkeit, kein Mitgefühl. Nur das Sich-Vollfressen zählt.

Der Rechtsstaat ist eine weitgehend leere Hülle geworden, wo die Politik es sich leisten kann, geistig stromlinienförmige Juristen mit höchsten Ämtern zu belohnen, und jene, die meinen, die Gesetze würden für alle gelten, nun, die tritt man halt einfach in den A...

So und nicht anders ist es gelungen, die Schlussakte von Helsinki, den Maastrichter Vertrag wie andere Verträge auch einfach zu den Akten zu legen.

Dass damit die eigene Bevölkerung betrogen wurde, das blendet man halt aus.

Wenn heute beschissen wird, dann geht es nicht mehr nur um ein paar lumpige hunderttausend Euro, nein, heute geht es um Milliarden.

Sollten dabei einige Hundert, oder einige Tausend oder noch mehr Mitmenschen umkommen, nun dann ist das halt so.

Und schon sind wir bei der Pandemie.

Hier die Kurzform von dem, was ich für mich zusammengetragen habe.

Die richtige Bezeichnung für diese Pandemie ist Plandemie, ein Kunstwort, denn dieser weltweite Krankheitsausbruch war wohl gewollt oder man hat ihn dann brillant ausgenutzt, weil er denn mal da war.

Angefangen hat es im chinesischen Wuhan, im dortigen Biowaffenlabor. Angeblich eines der berühmtesten der Welt, welches auch mit den USA zusammengearbeitet hatte oder hat.

Bis zum heutigen Tag wird auch in den USA erbittert darum gekämpft, diesbezüglich „alle Karten auf den Tisch zu legen".

Der Virus ist nichts Neues, wurde aber künstlich verändert, damit er nicht gar so tödlich ist.

Für ein Biowaffenlabor ein eigenartiger Sachverhalt.

Wie das Virus dann freigesetzt wurde, liegt im Dunkeln, jedenfalls verbreitete es sich dann um die ganze Welt.

Ebenfalls eigenartig ist die Tatsache, wenige Monate vorher hatte man auf internationaler Bühne genau so ein Szenario durchgespielt.

Dann kamen die Bilder von den Toten und mit den Toten kam die Angst.

Die Angst führte uns zu den Impfungen, zum Expertenrat, zu den Bildern von Bergamo und dann zum Lockdown.

Heute können wir Statistiken einsehen, was die Belegung der Krankenhausbetten betrifft, die Belastung des ärztlichen Personals, und wir können kurz all der Toten gedenken, die gestorben sind, weil die Politik einmal mehr versagt hat.

Keiner kann mehr jene zählen, die sterben mussten, weil ihre Operationen verschoben wurden für freigehaltene Krankenhausbetten, die nie gebraucht wurden.

Niemand kann heute sagen, wie viele gestorben sind, weil zu schnell künstlich beatmet wurde, denn das ist ein sehr gefährlicher Eingriff.

Wir alle haben uns mit der griffigen Formel abgefunden „gestorben an oder mit Corona".

Was man nicht so gerne untersucht, ist die Spur des Geldes.

Nur so am Rande.

Frau von der Leyen hatte die Milliardenverträge bezüglich der Impfstoffe mit der Firma Pfizer nur auf ihrem Handy. Leider waren sie da nicht mehr auffindbar.

So etwas kann uns auch passieren.

Weniger wahrscheinlich ist allerdings die Tatsache, dass einer unserer Ehepartner bei eben dieser Pharmafirma einen super Posten bekommt.

Der Ehemann von Frau von der Leyen muss nun leider mit gewissen Anfeindungen leben.

Man hat genau geplant, was, wie, wann, wo. Wenn Sie die lange Version möchten, dann lesen Sie die Bücher zu diesem Thema von Frau Doktor Karina Reiß und Herrn Doktor Sucharit Bhakdi, von Herrn Gunter Frank oder von Herrn Bruce Fife oder von Herrn Peter Hahne, um nur einige zu nennen.

Natürlich ging und geht es ums Geld bei dieser weltweiten Verarschung der verschiedenen Völker.

Was neu ist in unserer Zeit, sind die Täter und die neue Größendimension der Verbrechen.

Und neu ist auch die offensichtliche Bösartigkeit der Politik, alles zu tun, damit die Schuldigen und die Profiteure dieser Plandemie unerkannt bleiben.

Wenn Sie so wie ich und meine Familie geimpft sind, dann sollten Sie alle Veröffentlichungen hinsichtlich der freigeklagten Protokolle des RKI verfolgen.

Fassungslosigkeit und Scham überkommt mich, wenn ich all das lese. Wut erfasst mich, wenn ich die Vorsitzende des Ethikrates oder eine Bundestagsvizepräsidentin höre, wenn sie im Plauderton verkünden, es müsse gar nichts aufgeklärt werden, weil doch sowieso alle mitgemacht hätten und weil das ja nur die Demokratie beschädigt.

Eines verspreche ich diesen Leuten, beim nächsten Mal bin ich auf der anderen Seite.

Um zum zweiten Beispiel zu kommen.

Mir ist nur ein weiteres Verbrechen bekannt, das es mit der Corona-Plandemie aufnehmen kann, und das sind die Cum-Ex-Betrügereien. Darauf werde ich noch ausführlicher eingehen.

Nicht mehr Halbweltgestalten, sondern honorige Personen des öffentlichen Lebens begehen fast spielerisch Verbrechen gegen die Allgemeinheit, nur um aus dem Haufen Geld, den sie schon zusammengerafft haben, einen noch größeren Haufen zu machen.

Dazu benutzen sie alle, die sich gerne kaufen lassen. Vor allem Politiker und Wissenschaftler, Banker und Investoren ohne Moral und natürlich die Medienprofis aus allen Sparten.

Keineswegs vergessen darf man all die Rechtsverdreher, die eigentlich Rechtsanwälte heißen, die alles und jeden in den Ruin treiben, der gegen dieses Lumpenpack aufbegehrt.

Nicht mehr Millionen, sondern Milliarden sind das Ziel der Wünsche. Offensichtlich haben diese Leute das berühmte Bonmot von Herrn Merz gehört, jeder der eine Million im Jahr verdient, gehört zum deutschen Mittelstand, und da möchte sich wohl der eine oder andere schon etwas vom Plebs absetzen.

Können Sie darüber noch lachen? Ich kann es nicht mehr.

Grundelement der Plandemie war schlicht die Angst der Menschen vor der Krankheit und dem Tod und beides wurde in einer Weise befeuert, die einem die Schamröte ins Gesicht treibt.

Obwohl seriöse Ärzte permanent vor dieser Panikmache gewarnt haben, haben die Verantwortlichen unseres Staates diese Wissenschaftler stigmatisiert, diffamiert und kriminalisiert.

Noch heute müssen einige um die Wiederherstellung ihres guten Rufes kämpfen.

Die Impfung mit einem weitgehend wirkungslosen, unerprobten Wirkstoff hat einige wenige wirklich reich gemacht und viele tatsächlich krank.

Was in Zukunft noch alles aus dieser Massenimpfung wird, werden wir sehen.

Das ist keinesfalls neu, schon öfter wurde über die Praxis der Pharmaindustrie berichtet, lieber schlechte Medikamente anzubieten, die Milliarden an Gewinn bringen, als gute, wirkungsvolle Medikamente, die nur ein paar Hundert Millionen abwerfen.

Scheibchenweise können Sie heute erfahren, wer wie und wann die Unwahrheit in der Pandemie verkündet hat.

Mir geht es jedoch um den politischen Aspekt dieser Plandemie.

Man hat uns unserer Grundrechte beraubt, uns eingesperrt wie Laborratten und die Menschen aufeinandergehetzt.

Seit dieser Pandemie wissen wir jetzt auch, bei welchem Grad der Angst selbst familiäre Bindungen zerbrechen und der Mensch zum rücksichtslosen Egoisten wird.

Als das intellektuelle Wüstengewächs aus der Uckermark abtrat, da hat sie uns mit ihrer ganzen politischen Schamlosigkeit hinterlassen, wir dürften für die Zukunft nicht erwarten, unsere Grundrechte so zu behalten, wie wir es gewohnt wären.

Und das Bundesverfassungsgericht hat gleich mal nachgeschoben, dass für die Pandemie und für das Klima sehr wohl Grundrechtseinschränkungen vorgesehen sind.

Dazu hat weder diese Frau noch das Bundesverfassungsgericht auch nur das mindeste Recht.

Speziell für das Bundesverfassungsgericht sei gesagt, selbst wenn um uns herum alle dem Massenwahn erliegen, bleibt für das höchste deutsche Gericht die Wissenschaft und nicht irgendeine Ideologie die Entscheidungsgrundlage. Es gehört zur menschlichen Vernunft, bei einem Streitthema beide Seiten zu hören.

Deshalb meine Frage an die obersten Richter. Warum war kein einziger Epidemiologe bei der Entscheidungsfindung dabei?

Sehr verehrte Verfassungsrichter und Verfassungsrichterinnen, darf man tatsächlich, wie im Mittelalter, Menschen aus der Gemeinschaft ausschließen?

Nehmen wir an, die Pandemie wäre wirklich so tödlich gewesen wie zum Beispiel die Spanische Grippe 1921/22.

Hätten Sie dann die Ungeimpften (etwa 25 bis 30 Prozent der Bevölkerung) tatsächlich einfangen lassen, weil die Mehrheit das so wollte?

Wo hätten Sie diese Menschen unterbringen lassen?

Vielleicht in Ghettos? Weil die Ungeimpften vielleicht doch den gesunden Volkskörper vergiften würden? Der Anfang der Ausgrenzung war überaus vielversprechend.

Als ehemaliger Lehrer gebe ich Ihnen heute die Hausaufgabe, denken Sie darüber gefälligst nach, denn wir müssen aus dieser Pandemie lernen.

Das Mindeste, was Sie, verehrte Verfassungsrichter, dem Volk für die Zukunft zu sagen haben, ist, was für Maßnahmen Sie bei der nächsten Pandemie zu ergreifen gedenken.

Die Menschen müssen in einer Demokratie erfahren, was sie in einer diesbezüglichen Situation erwartet.

Nur so als Denkansatz. Als die Spanische Grippe Millionen dahingerafft hat, da haben die Krankenhäuser ihre Kranken als Maßnahme, weil es keine Medikamente gab, einfach ins Freie gebracht, samt deren Betten und haben so auch die Pandemie bekämpfen können.

Da wussten bereits alle, was Infektionsübertragung war, wie schnell man sich anstecken konnte.

Und doch hat man seine Mitmenschlichkeit behalten. Ausgegrenzt wurde damals niemand.

Und bitte, auch die Richter des obersten deutschen Gerichts können sich irren und sie sind nicht nur Richter, sondern auch Bürger der Bundesrepublik.

Vielleicht machen sie wenigstens ab und an mal den Versuch und sprechen zur Bevölkerung, selbst wenn sie als Gericht nur auf Antrag tätig werden können.

Diejenigen, die zu Zeiten der Plandemie und des Lockdowns die Vernunft niedergeschrien und niedergeschrieben haben, die Menschen, nur weil sie ungeimpft waren, aus der Gemeinschaft der Menschen ausschließen wollten, die geben sich heute als Demokratiebeschützer.

Nicht einer von denen hat sich entschuldigt oder ein Wort des Bedauerns geäußert.

Von Seiten des Staates gibt es keinerlei Anzeichen, diese politische Fehlleistung auch nur annähernd aufzuarbeiten.

Stattdessen wird eine einzige Partei in einer Art und Weise diffamiert, wie man das nur aus Diktaturen kennt.

Das kann man nachvollziehen, will diese Partei doch die Sachverhalte aufklären und die Verantwortlichen zur Rechenschaft ziehen.

Zu all diesen Sachverhalten haben die Staatsanwaltschaften und das Bundesverfassungsgericht geschwiegen.

So behält man das Vertrauen nicht, das die Judikative sich über Jahrzehnte erarbeitet hat.

Dabei weiß ich von Ihrer Abhängigkeit von der Politik.

Wir aber wollen nicht nur nächstes Jahr wählen, wir wollen die politische Elite auch kontrollieren, indem wir das Element der direkten Demokratie, den Volksentscheid nutzen.

Um das durchzusetzen, müssen wir einen gewissen Mut aufbringen, Verbündete suchen und wohl auch mit allen Mitteln kämpfen, die uns unser Grundgesetz zubilligt.

Volksentscheide nur auf Landesebene sind nichts anderes als Opium für das Volk, wie Lenin einmal so schön gesagt hat. Von den kaum zu überwindenden Hürden dabei einmal ganz zu schweigen.

Wir müssen lernen, ehrliche Wissenschaftler von gekauften Lumpen zu unterscheiden, was wahrlich nicht einfach werden wird.

Ausschlaggebend wird aber eine Justiz sein, die das Vertrauen der Bevölkerung nicht verspielt.

Am schwersten wird aber die Bekämpfung unserer eigenen Angst sein, denn sie werden ihren nächsten Angriff auf die Demokratie wieder mit der Verbreitung von Angst einleiten.
Die Plandemie hat einfach zu gut geklappt.

Es ist deshalb notwendig, unser Verhältnis zum Tod neu zu denken.

Wir alle müssen sterben.

Nur die etwa 1500 Milliardäre dieser Welt hoffen, dem zu entkommen.

Angeblich bauen sie sich schon für etwaige kosmische Katastrophen unterirdische Städte, die sicher auch ein paar Plätze enthalten für ihre Bediensteten. Sie geben viel Geld für die verschiedensten biologische Forschungen aus, nur um den Schlüssel zum ewigen Leben zu finden.

Den einfachen Menschen bleibt nur die Zugehörigkeit zur jeweiligen Gemeinschaft und ihre Mitmenschlichkeit. Daraus ist jene Kraft gewachsen, die unsere Vorfahren in die Lage versetzt hat, alle bisherigen Katastrophe zu überleben.

Eben weil wir nicht wissen, was die Zukunft bringt, sollten wir bis zum Äußersten unsere Freiheit und alle unsere Rechte verteidigen.

Dazu müssen wir aufeinander achtgeben, einander vertrauen und auch einander verzeihen, weil niemand auf dieser Welt immer alles richtig machen kann.

Das gilt natürlich zuallererst für die Politik. Und genau deshalb muss der Wechsel der Regierung in unserer Demokratie möglich sein.

Jede Bundesregierung ist deshalb durch den Souverän zu kontrollieren, denn die wird es sein, die unser Volk wieder in Katastrophen, wie zum Beispiel den Krieg, führen wird.

Früher oder später muss sich die Justiz entscheiden, wem sie dient, der Regierung oder der Bevölkerung.

Keine leichte Aufgabe.

Womit ich beim letzten Beispiel dieses Buches angekommen bin.

Wir alle, egal, auf welcher Seite wir stehen, wissen, was ein Mord ist.

Unser Strafgesetzbuch definiert sehr genau die Mordmerkmale und viele andere Vergehen und Verbrechen, die innerhalb der menschlichen Gesellschaft möglich sind.

All das kann mit dem Begriff Unrecht umschrieben werden und ich bin zutiefst davon überzeugt, die allermeisten Menschen lehnen Unrecht ab.

Wissen Sie aber auch, was ein Cum-Ex-Geschäft ist?

Allgemein ist ein Cum-Ex-Geschäft nichts anderes als der gewöhnliche Diebstahl von Geld aus der Staatskasse, also eine Bereicherung einzelner Menschen an der Allgemeinheit.

Allerdings können Sie und ich hier nicht mitmischen, nicht nur weil wir noch eine gewisse Moral haben, nein, Sie und ich sind einfach zu arm, um eine derartige kriminelle Masche durchzuführen.

Um an Cum-Ex beteiligt zu werden, müssen Sie schon ein paar Hundert Millionen besitzen, sich mit anderen „Investoren" zusammentun, damit möglichst eine Milliardensumme zusammenkommt. Dann benötigen Sie noch eine sittlich-moralisch verwahrloste Bank oder zwei, am besten solche mit Filialen im Ausland, und schon kann es losgehen.

Dann müssen Sie nachschauen, wann zahlen Aktiengesellschaften die Dividende an ihre Aktionäre aus. Sobald Sie den Termin wissen, müssen Sie zusammen mit Ihren Kampfgenossen kurz vor dem Stichtag der Dividendenzahlung wie irre Aktien von großen deutschen Unternehmen kaufen, verkaufen und wieder kaufen.

Ziel dieser Aktion ist die Verwirrung der deutschen Finanzämter.

Auf jeden Euro Dividende erhebt der deutsche Staat eine Steuer, die man genau einmal im Jahr bezahlen muss.

Führt nun die Aktiengesellschaft diese Steuer sofort an den Staat ab, dann bekommen die Banken für ihre Kunden Bestätigungen, dass die Steuer bereits gezahlt ist. Sollte der Kunde aber schon gezahlt haben, dann kann er vom Staat den zu viel gezahlten Betrag zurückfordern.

Sehen Sie, da vor dem Dividendenstichtag diese Aktien sehr häufig hin und her geschoben wurden, werden einfach zu viele Bescheinigungen ausgegeben, dass die Steuer schon bezahlt sei.

Also melden sich dann Banken, Investoren und Kunden beim Staat, verlangen die einmal gezahlte Steuer gleich mehrmals zurück und zeigen so der Welt, wenn man Milliarden investiert, da muss schon ein zweistelliger Gewinn herausspringen.

Wenn Sie es genauer wissen wollen, dann lesen Sie Oliver Schröms Buch.

Was wirklich faszinierend ist, bis zum heutigen Tag weiß unser Staat nicht, um wie viel Geld man ihn beschissen hat. Manch einer meint, es sind über hundert Milliarden, denn dieser Beschiss geht schon Jahre.

Was wir auch nicht wissen, ob der Beschiss je ganz aufgehört hat.

Um es mit Oliver Schröms Worten zu sagen, Cum-Ex ist der größte Steuerraub der Geschichte.

Hamburg und die dortige Warburgbank spielen dabei eine gewichtige Rolle, eben jenes Hamburg, wo ein gewisser Herr Scholz mal regierender Bürgermeister war.

Erfunden hat das Ganze übrigens ein Deutscher, der bis zu seinem Wechsel in die Steuervermeidungsbranche als Finanzbeamter gearbeitet hat.

Er lebt wohl noch heute in der Schweiz.

Ich werde zu Herrn Scholz nichts sagen. Oliver Schröm hat ihn gewürdigt und wer sich dafür interessiert, der kann ja zusätzlich die Berichte der Untersuchungsausschüsse im Deutschen Bundestag zu den Cum-Ex-Geschäften nachlesen und so vielleicht erkennen, wer uns da denn führt.

Es ist inzwischen in unserem „Absurdistan" üblich, all jene zu verfolgen, die es wagen, derartige Verbrechen anzuprangern.

Beim geringsten Fehler, den ein Journalist oder eine Untersuchungsbehörde macht, wird mit Hilfe des Rechtsstaates jeder und jede mit aller Macht bekämpft. Dabei geht es diesen Lumpen in Nadelstreifen nur um die Vernichtung der anderen Seite. Denn sie erhalten für die Karikierung unserer Rechtsordnung Unsummen an Geld.

Mit Hilfe des Rechts soll die Aufdeckung der Verbrechen an der Allgemeinheit verhindert werden.

Auch für Sie nochmals, die Sie noch immer auf der anderen Seite stehen. Unterschätzen Sie niemals die Macht bestimmter Anwälte, deren einzige Aufgabe darin besteht, aus Unrecht Recht zu machen, wenn es darum geht, uns alle zu betrügen.

Eine letzte Sache noch, bezüglich der Cum-Ex-Geschäfte.

Jeder, der sich diesen Lumpen in den Weg stellt, wird gejagt. Finanzbeamte oder Staatsanwälte, Journalisten, und auch Privatpersonen. Der kleinste Fehler genügt, um sie zu entlassen, zu demütigen oder sie ihrer wirtschaftlichen Grundlage zu berauben.

In Köln gibt es eine Staatsanwältin, die zurzeit echt zu kämpfen hat.

Mit Intelligenz, Hartnäckigkeit und Stehvermögen hat sie sich der Aufklärung dieser Betrügereien gewidmet. Vieles, was wir heute überhaupt über diese Selbstbediener wissen, verdanken wir dieser Frau.

Auch wenn Sie mich vielleicht wegen meiner politischen Ansichten ablehnt, als Bürger werde ich immer Frau Staatsanwältin Anne

Brorhilker mit vorzüglicher Hochachtung begegnen, denn es sind Menschen wie sie, die uns Hoffnung auf Gerechtigkeit geben.

Ihr derzeitiges Schicksal kann ich nicht beeinflussen, doch auch für sie schreibe ich dieses Buch.

Jeder Bürger, egal welche politische Ansicht er hat, kann sich im Internet kundig machen, wie man derzeit mit Menschen umgeht, die nach Gerechtigkeit streben.

Auch das Schicksal von Frau Brorhilker kann man so mitverfolgen.

Nun aber genug davon.

Jeder von uns muss nun entscheiden, ob oder was er politisch zu tun gewillt ist.

Nur dürfen wir niemals vergessen, wir sind Angehörige eines Kulturvolkes. Wir können und müssen uns streiten, denn nur so entwickelt sich unsere Demokratie. Aber wir sind Menschen mit Würde, Selbstachtung und Anstand, die bei jeder Auseinandersetzung auf dem Boden unseres Grundgesetzes zu stehen haben. Auch das Gegenüber bleibt ein Mensch mit Menschenwürde.

Wir werden aus unserer politischen Tätigkeit viel lernen und wir werden uns auch in manchen Fällen selbst überwinden müssen.

Es wird Niederlagen geben und wir werden einen langen Atem brauchen.

Doch es lohnt sich für unsere Enkel, für unsere Kinder, für unsere Selbstachtung und nicht zuletzt für unseren Staat, der aus dem Elend und Grauen der beiden Weltkriege entstanden ist.

Deutschland muss nicht kriegstauglich werden, Deutschland, unser Deutschland, soll und muss dem Frieden der Welt dienen, so haben es die Mütter und Väter unseres Grundgesetzes für immer festgelegt.

Auf welcher politischen Seite wir auch stehen, wir bleiben für unser ganzes Leben unserem Grundgesetz verpflichtet. Nur auf dieser Basis dürfen wir miteinander streiten.

Meine Hoffnung ist, irgendwann wird die Spaltung unseres Volkes wieder vorüber sein und wir werden gemeinsam gegen Faschismus, wo immer der sich auch befindet, und für unser Grundgesetz demonstrieren.

Wenn das erreicht ist, dann, liebe Freunde, können wir wieder stolz unser Schwarz-Rot-Gold aufrichten.

Halt, bevor ich gehe, noch eine einzige Anmerkung. Sollten Sie dieses Buch bis hierher gelesen haben, dann kennen Sie meine Einstellung zum Grundgesetz.

Ein letztes Mal will ich jene Vergangenen würdigen, die uns dieses Gesetz hinterlassen haben.

Sie, die Mütter und Väter unseres Grundgesetzes, haben nicht ein einziges Mal auch nur den Versuch gemacht, als Verkünder einer ewigen Wahrheit zu gelten. Ihre gesamte Arbeit am Grundgesetz war davon geprägt, nach all dem Furchtbaren der NS-Zeit und dem Weltkrieg Nr. 2, es besser zu machen.

Und weil sie wussten, wir werden eines Tages kommen, um Veränderungen vorzunehmen, haben sie ans Ende des Grundgesetzes den Artikel 146 gesetzt, der uns einmal mehr mit Hochachtung und Ehrfurcht erfüllen muss.

Der Autor

Peter Weggässer wurde am 16. Oktober 1952
in einer Kleinstadt in der ehemaligen DDR geboren. Mit neun Jahren wurde er schwer krank
und konnte erst mit 12 Jahren geheilt werden.
Nach der Schule machte er zunächst eine Lehre als
Kfz-Elektriker und nach Abschluss der Lehre das
Abitur an einer Abendschule. Nach der Abitur-
prüfung absolvierte er ein vierjähriges Studium an
der Technischen Hochschule Karl-Marx-Stadt. Von
1978 bis zu seiner freiwilligen Pensionierung 2015
arbeitete Weggässer als Lehrer in Thüringen, wofür
er nach Abschaffung seines ursprünglichen Faches
Polytechnik noch zwei Fernstudien abschloss. Peter
Weggässer ist verheiratet und Vater dreier erwach-
sener Kinder und war leidenschaftlicher Halter
von Bernhardinern. Laut eigenen Aussagen liegt
Menschenbildung ihm genauso am Herzen wie
das Grundgesetz. Doch das Wichtigste für ihn und
der Grund, warum er anfing zu schreiben, ist seine
Familie.

novum VERLAG FÜR NEUAUTOREN

Der Verlag

Wer aufhört
besser zu werden,
hat aufgehört
gut zu sein!

Basierend auf diesem Motto ist es dem novum Verlag
ein Anliegen, neue Manuskripte aufzuspüren, zu veröffentlichen und deren Autoren langfristig zu fördern.
Mittlerweile gilt der 1997 gegründete und mehrfach
prämierte Verlag als Spezialist für Neuautoren in
Deutschland, Österreich und der Schweiz.

Für jedes neue Manuskript wird innerhalb we-
niger Wochen eine kostenfreie, unverbindliche
Lektorats-Prüfung erstellt.

Weitere Informationen zum Verlag und
seinen Büchern finden Sie im Internet unter:

w w w . n o v u m v e r l a g . c o m